誰も教えてくれない

大人の性の作法（メソッド）

坂爪真吾　藤見里紗

光文社新書

大人の性の作法

目次

第3章・第4章　構成／山本ぽてと

1-1 なぜ今「大人の性教育」が必要なのか？ 男子編

『クレヨンしんちゃん』と「性教育元年」

１９９２年（平成４年）、テレビ朝日系列で『クレヨンしんちゃん』のアニメ放送が開始されました。当時小学5年生だった私は、次回予告で「絶対見てくれよな！」と笑顔で商業的な呼びかけをする『ドラゴンボール』の孫悟空（そんごくう）とは異なり、無愛想な声で「見れば？」とつぶやくしんのすけの視聴者に媚びない姿に、子どもながらに新鮮な衝撃を受けた記憶があります。

そのしんのすけの父親・野原（のはら）ひろしは、商社で働く35歳。作中では埼玉の郊外に住み、日々妻や子どもたちに振り回される、どこにでもいる平凡な中年男性として描かれていました。当時アニメを見ていた小学生は、私を含めて「あんな平凡な大人にはなりたくないよな、アハハハハ」と、半ば見下すような形で彼の滑稽な振る舞いを見ていたはずです。

それから四半世紀の時が流れた２０１７年（平成29年）、無邪気な小学生だった私も、気がつけば彼と同じ年齢になりました。ここで改めて、当時「平凡な大人」として嘲笑の対象にされていた野原ひろしの実像を確認してみましょう。

霞が関にある商社で営業2課係長を務め、埼玉県春日部市の郊外に庭付き一戸建てとマイカーを所有し、妻と二人の子どもと一緒に過ごすことができている。

1992年の時点では、こうした経済状況・家族構成の35歳男性の姿が違和感なくお茶の間で放送されていたわけですが、あれから25年経った2017年現在、「自分は野原ひろしよりも恵まれているぜ」と自信を持って断言できる35歳の男性は、果たしてどれくらいいるでしょうか。

1992年から2017年までの四半世紀で、すべての人が結婚する（結婚するのが当然だと思われている）社会は、完全に崩壊しました。未婚化と晩婚化、それに伴う少子高齢化が進行する中で、『クレヨンしんちゃん』の野原家のように夫婦と2人の子どもで構成される、いわゆる戦後の「標準モデル世帯」は大きく数を減らし、単身世帯及び子どものいない世帯の割合が大幅に増加しています。2015年（平成27年）の総務省「国勢調査」によると、35～39歳の未婚率は男性34・5％、女性23・3％となっています。

また不安定な非正規雇用の形で働く人も増加しました。1992年には21・7％だった非正規雇用者の割合は、2015年には37・5％まで上昇しています。2016年（平成28年）に話題になった新書『貧困世代　社会の監獄に閉じ込められた若者たち』（藤田孝典（ふじたたかのり）・講談社現代新書）の中では、若者世代の間で正規雇用や結婚、出産がもはや「ぜいたく」とみなされている現実が描かれています。

お隣の国・韓国では、「恋愛」「結婚」「出産」をあきらめた若者たちを指す「3放世代」という言葉があります。この3つに「住宅」「人間関係」の放棄が加わった「5放世代」、そして最近は「就職」を含めたあらゆるものを放棄せざるをえない「N放世代」まで登場しています。こうした若い世代の窮状は、日本社会に生きる私たちにとっても決して他人事ではないはずです。

この四半世紀の経済状況の変化によって、かつて「平凡な成人男性の象徴」として描かれていた野原ひろしは、完全な「人生の勝ち組」へと逆転しました。「35歳で子ども2人に一戸建て購入とか、絶対無理」「自分は野原ひろしにすらなれなかったのか……」と愕然とする男性が多数派ではないでしょうか。

これまでの性教育をアップデートせよ

「クレヨンしんちゃん」のアニメ放送が始まった1992年は、日本の「性教育元年」でもありました。80年代後半に起きたエイズパニックの影響で学習指導要領が改訂され、小学校の保健と理科の教科書に「性に関する指導」が盛り込まれるようになりました。5年生の理科の授業ではヒトの発生を扱うようになり、保健の教科書には思春期における身体の発達を説明するため、男女の全裸のイラストが掲載されました。

当時、家庭で両親からきちんとした性教育を受けた記憶のある人は少ないと思います。「性は公の場で話すことではない」「ひとりでに学ぶもの」といった認識がまだまだ強かった時代に、学校での性教育が正式に行われるようになったインパクトは大きかったと言えます。もちろん、実際の授業は時間的にも内容的にも十分なものではなかったと思いますが、それでもこうした教育環境の変化は、私たちの世代が性について比較的リベラルな姿勢で語ることのできる土壌になっているはずです。

2017年に女性ファッション情報誌『MORE』が発表した「モア・リポート2017」では、全国の23〜33歳の女性読者2000人（平均27・7歳）に対して、インターネット上で「性とセックス」に関するアンケート調査を実施しました。

セックスに関する知識を得た手段として、「学校の性教育」と回答した人の割合は、2位の49・4％でした。1位の「本・雑誌」（59・8％）と3位の「ネット」（46・3％）と比べても、大健闘していると言えます。ちなみに30年前の同調査では、「学校の性教育」と回答した人はわずか5・2％でした。この四半世紀は、学校での性教育の存在感が大幅に増した時代だったと言えます。

その一方で、これまでの性教育は、「誰もが大きくなれば、パートナーを作ってセックスをするようになる」「結婚し、妊娠・出産するようになる」という前提の下に行われていました。また若者の望まない妊娠と、それに伴う不幸を防ぐということが性教育の大きな目標とされていました。そのため、避妊に関する知識の学習が性教育の授業の中心になっていました。

しかし現在は未婚化や晩婚化、そして若者のセックス離れが進み、かつての前提が大きく崩れてしまっています。

私自身を含め、現在の35歳は「学校で正式に性教育を受けた最初の世代」です。同時に、社会の経済的な停滞や所得水準の低下によって「野原ひろしになれなかった世代」でもあります。性的にも経済的にも、子ども時代の理想と大人になってからの現実とのギャップを肌で体感している世代だと言えます。

本書は、このギャップを埋めるために、私たちの世代を含め、これからの社会を支えていく働き盛りの世代が実践的に使えるような形で、これまでの性教育をアップデートしようとする試みです。

現在の35歳は携帯とネットが普及し始めた過渡期に思春期を過ごした世代です。性情報へのアクセスが難しかった時代、紙媒体やレンタルビデオ以外に性情報に触れる手段のなかった時代を知っているため、「死ぬまでセックス」と叫び続ける年長世代（50～60代）が性に対して過剰な幻想を抱く理由も、それなりに理解できるのではないでしょうか。

その一方で、ネットとスマートフォンが空気のように存在している若者世代（10～20代）が性愛に対して過度の期待を抱かず、草食化したり性嫌悪に陥る理由も、それなりに理解できるはずです。

そう考えると、35歳前後の世代は、性の分野における新しい「当たり前」（ロールモデル）をつくることのできる最後の世代ではないでしょうか。

年長世代のようにありもしないロマンに逃避したり、若者世代のように生身の他者に一度も触れないままデジタルの世界で充足したりしてしまうのではなく、理想と現実の狭間、アナログとデジタルの狭間で、性を通して自分自身、そして他者や社会と向き合うための作法を提示すること。大げさな言い方かもしれませんが、それが私たちの世代に課せられた使命なのではないでしょうか。

本書では、一般社団法人ホワイトハンズの私・坂爪真吾とNPO法人マドレボニータの藤見里紗さんが講師役を担当させていただきます。私たちはNPOという立場で、それぞれの現場を持ちながら、性に関する社会的課題の解決に日々取り組んでいます。

公の場で語りづらい性の問題について、現場の声に基づいた社会性のある提言を発信できることが私たちNPOの強みです。性についてメディアやSNSのタイムラインに流れる意見は、どうしても「限りなく空論に近い正論（政治的に正しいけれども、現実には通用しない抽象論）」、もしくは「限りなくデマに近い通説（政治的には正しくないけれども、人口に膾炙（かいしゃ）してしまうダメ情報）」のいずれかに二極化してしまいがちです。

現場を持たない評論家の言葉は、政治的には正しいけれども、性に悩む人の琴線には響きません。一方で、性に関する情報や事件をセンセーショナルな形で切り取って流すネットニュースの記事は、多くの人に届くかもしれませんが、PV（ページビュー）を稼ぐためだけの断片的かつ不確かな情報を拡散することで、読者を間違った方向に導いてしまう可能性があります。

今必要なのは、政治的な正しさの追求だけでもPV稼ぎ目的だけでもない、文字通り「大人のための」処方箋です。

難題が山積しているにもかかわらず、個人的にも社会的にも放置されていた大人の性のリアルな現状を確認した上で、私と藤見さんがそれぞれの現場経験から得た知恵と工夫を活用して、政治的な正しさに過度に縛られず、そして無根拠な通説に踊らされずに、問題に対する具体的な処方箋を大人らしい柔軟な視点から導き出したいと思います。

「大人の性教育基礎講座」では、私が男子編、藤見さんが女子編を担当します。男子編と女子編は、性別と社会的立場、そして性愛に対する関心領域の違いを反映して、それぞれ異なった構成になっています。男女の視点の違いを楽しみながら、それぞれの講座を読み比べて頂ければ幸いです。

第3章のQ&Aと第4章では、基礎講座の内容を踏まえて、私たちが自分自身の性、そして他者や社会の性問題に向き合っていく上でのロールモデル＝新しい「当たり前」を作っていくための条件を考えます。「大人の・大人による・大人のための性教育講座」、最後までどうぞお付き合いください。

1-2 大人の性教育基礎講座

男子編

今、大人の男性に必要な性教育とは？

「三十代は大人の十代」。これは30～40代の共感を集めている歌手・馬場俊英(ばばとしひで)の曲『旅人たちのうた』の歌詞の一節です。20歳で成人してから10年経った30代は、社会人としての生活に慣れてくると同時に、仕事やプライベートの場でこれまで予想もしていなかった問題が次々と起こってくる時期でもあります。

１９８１年（昭和56年）生まれの私は、26歳のときに自ら立ち上げた非営利組織で働いています。主な仕事の内容は、性に関する様々な社会問題を分析し、事業や書籍の形で解決策を提示することです。障がい者の性から始まり、ここ数年間は、主に不倫、性風俗、買春などに関する調査・分析、そして解決策の提示を行ってきました。

児童買春の問題を調べていたとき、「買い手」である男性の主な年齢層が30～40代であることに気づきました。分別も社会的地位もそれなりにある世代の男性が、なぜ児童買春のように、一瞬で社会的地位を失いかねないリスキーな振る舞いをしてしまうのか？　その理由は様々ですが、データを調べていく中で「彼らがそうした行動をしてしまう背景には、30代特有のストレスがあるのでは」という仮説が浮かび上がってきました。

生涯を通して離婚率が最も高くなるのは30代であり、セックスレスや不妊治療による夫婦間ストレスの増加、産後クライシスに伴う夫婦関係の破たんや不倫が目立つようになるのも30代からです。厚生労働省の「平成26年度衛生行政報告例」によると、30代の人工妊娠中絶件数は6万9732件。メディアで「性教育の欠如」「若者の危機」の象徴として取り上げられることの多い10代の人工妊娠中絶件数（1万7854件）の約4倍です。

30代はこうした当事者の心身・公私共に多大なダメージを与えかねないイベントが一気に押し寄せる時期です。その一方で、30歳を過ぎた成人男性が性に関する情報や指針を学び、悩みや葛藤を共有する場は、残念ながら現代社会にはほとんど存在しません。

児童買春で逮捕された中年男性のニュースが連日メディアを賑わせている通り、分別ある働き盛りの年齢の男性が、性的欲求やその背景にある自己承認欲求・恋愛欲求に振り回されて、思春期の中高生男子のように愚かな振る舞いをしてしまう……ということが後を絶ちません。

女性に比べて男性の性、特に中年期以降の男性の性に対する社会的関心は極めて低い状態にあります。そもそも支援やケアの対象として考えられていないため、問題が起こった場合、世間からは「すべて自助努力・自己責任で対処せよ」と突き放されてしまいます。

しかし思春期の性の悩みに比べて、大人の性の悩みははるかに複雑さが増します。しかも自分だけの問題ではなく、家族や恋人などの第三者、職場を巻き込んでしまう場合もあります。放置しておけば自分自身や家族、他人を傷つけてしまうリスクが生じるにもかかわらず、社会的な理解や支援は皆無という状況は、お世辞にも健全とは言い難いでしょう。

「三十代は大人の十代」だとすると、35歳はいわば「大人の思春期真っ只中」です。この時期に訪れる性にまつわる様々な諸問題をうまく乗り切れるかどうかが、その後の人生に大きく影響を与えます。思春期の第二次性徴期と比較して、「第三次性徴期」と言ってもよいかもしれません。

またこれまでの「大人の性」問題は、「夫婦の性」問題とほぼイコールでした。しかし未婚化や晩婚化が進んだ現在、「夫婦の性」以外にも、「大人の性」に関して語るべき論点、解かれるべき課題は山積しています。経済情勢や雇用状況を反映して、正規雇用の既婚男性だけではなく、非正規雇用の未婚男性に向けた性生活のロールモデルも必要になるはずです。

そこで以下本章では、性に悩める成人男性に対する処方箋を、「未婚×非正規」「未婚×正規」「既婚×非正規」「既婚×正規」という4つの類型に分けて解説していきます。成人男性の性をこの「4つの窓」から眺めることによって、これまでは見えてこなかった景色、そして論じることすらできなかった課題が見えてくるはずです。

A：未婚×非正規……「貧困世代」のための「大人の性教育」

未婚・非正規は100万人いる

厚生労働省の平成27年版「国民生活基礎調査の概況」によると、男性の非正規雇用率（役員、自営業者、家族従業者などを除く）は20～24歳で20・8％、25～29歳で14・7％、30～34歳で10・3％、35～39歳で8・2％となっています。

また同年の国勢調査によると、男性の未婚率は25～29歳（総人口約329万人）で72・5％、30～34歳（約365万人）で46・5％、35～39歳（約416万人）で34・5％となっています。

これに加えて、就業者の統計に出てこないひきこもりなどの若年無業者（15～34歳の非労働力人口のうち家事も通学もしていない者）も存在します。内閣府の平成27年版「子供・若者白書」によると、若年無業者の人口は20～24歳で14万人、25～29歳で16万人、30～34歳で18万人となっています。非正規労働と無業の状態を行き来している人も少なくないはずです。

こうした数字から考えると、25～39歳の男性のうち、未婚の状態で派遣社員やアルバイト、非常勤といった形で働いている人、及び無業の状態にある人は、少なく見積もっても100万人近く存在することがうかがえます。社会的にも決して無視できないボリュームです。

恋愛・セックスという選択肢がなくなる

未婚×非正規の男性の性を考えていく上で、まずは私自身の未婚×非正規労働者時代のエピソードを話したいと思います。私は高校時代から「自分で会社を作って働きたい」と考えていたので、大学在学中に就職活動は一切行わず、卒業と同時に会社を起業しました。しかし「起業家」という響きはカッコいいですが、売上を作れなければただの無職です。起業していきなり生活していけるだけの収入が得られると考えるほど、楽天家ではなかったので、まず生活コストをギリギリまで切り詰めることにしました。

新宿駅西口の不動産屋に行って「可能な限り家賃の安い物件を紹介してください」と依頼したところ、京王線代田橋駅から徒歩11分、家賃2万8000円・風呂なしトイレ共同の築50年の木造アパートを紹介されました。担当社員の方からは「これ以上家賃を下げると、外国の方向けの雑居部屋になります」と告げられたので、そのアパートに即決しました。

風呂は銭湯、冷暖房は使わず、洗濯はコインランドリーにして毎月の水道光熱費を限界まで削減。ガスを契約すると基本料金がかかるので、イワタニのカセットコンロとガスを買って自炊することにしました。

会社の売上の目途が立つまで、最低限の生活費と奨学金の毎月の返済資金を稼ぐため、空き時間で日払いのバイトをすることにしました。駅前でコンタクトレンズのチラシや、英会話教室のティッシュを配る仕事です。当初は2か月くらいの短期バイトのつもりだったのですが、会社の売上が一向に安定しなかったため、2年近く続ける羽目になりました。

東京・埼玉・千葉・神奈川のほぼすべての主要駅でチラシ配りを経験したため、どの駅が配りやすく、どの駅が配りにくいかを肌で体感できるようになりました。例えば渋谷駅にあるマークシティのエスカレーター下は通行人が極めて冷淡で、笑顔でチラシを配ってもほとんど誰も受け取ってくれません。寒風の吹きすさぶ中、合計5時間「××コンタクトでーす!」と声を嗄らして立ち続けても、数えるほどの枚数しか配れない時もありました。他にも溝の口、五反田、川崎、武蔵小杉、川口……いずれも駅名を聞くだけで「辛い」「寒い」という思い出しか浮かんできません。

業務の単調さやつらさを反映してか、ネットの匿名掲示板ではバイトのリーダーや内勤の社員に対する誹謗中傷が、頻繁に書き込まれていました。過酷な状況下での単純作業は人の心を砂漠にするのだな、と改めて気づきました。

その会社では現金日払いということもあって、様々な年代や経歴の人が働いていました。フリーターや劇団員の人もいれば、40歳を過ぎても司法試験の受験を続けている人もいました。あるとき、私より時給が１００円高いリーダーの女性に、浜松町駅前でのチラシ配りの仕事が終わった後、カラオケに誘われました。大のカラオケ好きだった私は、十八番の浜田省吾『悲しみは雪のように』を歌って場を盛り上げようとしたのですが、彼女はマイクを手に取ろうとせず、やたらと過去の恋愛や男性経験についての話をしたがりました。

浜田省吾を歌い終えた後、次はゴダイゴの『ガンダーラ』で行こうとリモコンに手を伸ばしたところ、彼女がおもむろに距離を詰めてきて、「私って、結構胸が大きいんだよ。触ってみる?」と露骨に誘ってきました。

当時の私は限りなく無職に近い自称起業家であり、当然ながら恋人もいなかったのですが、彼女の誘いに対して「いえ、結構です」ときっぱり断りました。女性に対する興味関心がないというわけではなく、「ろくに売上も作れずに日払いのバイトでどうにか食いつないでいる今の自分は、女性と付き合えるような状態ではない」「今の自分を好きになってくれる女性なんているはずがない」と思い込んでいたからです。

つまり恋愛やセックスを「する・しない」「できる・できない」以前の問題として、「そもそも選択肢にない」という状態でした。

男性の場合、経済的な余裕の喪失は、恋愛や結婚という選択肢自体の喪失に直結します。せっかく女性に出会う機会、誘われる機会があったとしても、「そんなことより明日は戸塚駅前で朝7時から英会話教室のティッシュを配らねばならないので、早く帰って寝ないと」と生活費を確保するための仕事の遂行を優先してしまうわけです。選択肢自体を喪失した人にどれだけ恋愛や結婚の素晴らしさや楽しさを説いても、決して響きません。

経済状況や精神状態の悪化に悩んでいる

ホワイトハンズでは、2013年度から2016年度までの3年間、童貞卒業を目的とした通信講座「ヴァージンアカデミア」を開講しました。アカデミアの受講生にも非正規労働に従事している男性は少なくありません。そうした男性は、皆一様に「経済的に自立していなければ女性と付き合う資格がない」「正社員ではない自分に女性と付き合う資格はない」という固定観念に囚われています。

国税庁「民間給与実態統計調査」のデータを見ると、30代前半の男性の平均年収は、19

97年には513万円でしたが、2013年には438万円まで低下しています。男性が恋愛や結婚に対して及び腰になっている背景には、平均年収の低下による経済状況の悪化があると考えられています。

こうした経済的な問題に加えて、さらに男性を困難な状況に陥らせる要因の一つに発達障害があります。発達障害の子どもが生まれる確率は、自閉症などの一部を除いて男女ほぼ同率ですが、男性の方が多動性や衝動性といった目に見える行動特性が目立ち、かつ診断基準が男児の行動を基準に作られているため「発達障害は男性に多い」と思われる傾向にあります。

「ヴァージンアカデミア」の受講生の間でも、発達障害のある男性は少なくありません。コミュニケーションや対人関係に困難を抱えがちな発達障害の人にとって、常に相手の気持ちや場の空気を読み取って行動しなければならない恋愛や結婚は、大の苦手分野です。対人関係のストレスが原因で、うつ病などの精神疾患を併発してしまうこともあります。

2016年に話題になった『漫画ルポ　中年童貞』(中村淳彦×桜壱バーゲン・リイド社)では、「空気を読めない」「人の話を聞けない」「プライドが異常に高い」といったものから、重度のコミュニケーション障害、病的な妄想や自傷行為、境界性人格障害など、明らかに発達障害、及びそれに起因する生きづらさや精神疾患を抱えていると思われる人が「中年童貞」として多数登場します。

そこまでの自覚症状や自傷・他害の経験がない人でも、「発達障害である（その疑いがある）」「心の病を抱えている」といった事実は、それだけで恋愛市場からの撤退を決意する十分な理由になります。女性と一度も付き合ったことのない段階で、誰かから障害や病気のことを面と向かって指摘されたわけでもないのに、「自分には無理」とあきらめてしまう。

性教育のアキレス腱

前述の通り、これまでの性教育は「誰もが大きくなれば、パートナーを作ってセックスをするようになる」「結婚し、妊娠・出産するようになる」という前提の下に行われてきました。性教育理論の基礎が作られた1970年代前半は、日本社会の婚姻率がピークに達した時期でもあります。当時の男性の生涯未婚率はわずか2％程度で、2010年（20・14％）の10分の1でした。ほとんどの人が当たり前に結婚する「皆婚社会」だったため、現在のように若い世代の間でセックス離れが進んだり、社会環境の変化に伴う経済状況の悪化、発達障害や精神疾患などの理由によって恋愛や結婚・出産自体が「ぜいたく」になってしまうことは、完全に想定外だったわけです。

こうした時代の変化の中で、以前から指摘されていた性教育の「アキレス腱」＝最大の弱点が浮き彫りになってきています。その弱点とは、「快楽のための性」を教えられないことです。生理や妊娠の仕組みなどの「生殖のための性」、避妊や性感染症といった「セックスに伴うリスク予防」については饒舌に語れますが、若い世代にセックスの面白さや楽しさ、コミュニケーションの奥深さを伝えることに関しては、事実上のお手上げ状態です。教える機会もなければ、教えられる人材もいない状況です。

こうした不備の結果として、不安定な経済状態や精神状態の中で性愛に対するモチベーションや選択肢自体を見失ってしまった「貧困世代」の20〜30代に対しては、性教育は有効な処方箋を打ち出すことができませんでした。

35歳の時点で未婚の人は、このまま生涯未婚の可能性が高いということが明らかになっています。東北学院大学の神林博史（かんばやしひろし）教授は、２００５年と２０１０年の国勢調査のデータを比較して、２００５年に35歳から39歳の未婚者が5年後までに結婚できる確率を計算しています。神林氏の計算によると未婚男性が結婚できる確率は６・８％、未婚女性が結婚できる確率は６・９％でした。つまり男女ともに9割以上の人はこのまま結婚しない（できない）

ということになります。未婚化と晩婚化の進行、そして経済の停滞の中で、こうした結婚しない（できない）人たちの人口は、今後増えることはあっても減ることはないでしょう。

「クリスマス粉砕デモ」の主張

世間に蔓延する恋愛至上主義的な風潮に異を唱え、クリスマス粉砕デモやバレンタインデー粉砕デモといったユニークな社会活動を行っている革命的非モテ同盟（革非同）という団体があります。革非同の主張は、一言で表すと「恋愛をしないという選択を尊重せよ」。恋愛市場に参入することをあきらめた人、恋愛を放棄した人たちを見下すような世間の風潮を打破するため、そして恋愛をしない人に対しても寛容な真のダイバーシティ（多様性）社会を実現するために活動している、というのが彼らの主張です。

ここにおいて重要なのは、彼らの主張は決して「モテたい」「恋愛させろ」「セックスさせろ」といったものではなく、あくまで「恋愛をしないという選択を尊重してほしい」というものであることです。恋愛やセックスという選択肢の喪失それ自体を嘆いているわけではなく、選択肢を喪失したことを問題化しないでほしいというメッセージを出しているのです。

一部の成人男性にとっては、恋愛やセックスが救いや癒やしではなく、生きづらさを増幅させる「抑圧」として機能している現実が垣間見えます。

果たして、「大人の性教育」は、こうした「貧困世代」に対してどのような処方箋を打ち出すことができるのでしょうか？　性から疎外され、かつ疎外されていることを問題化しないでほしい、と訴える彼らに対して、何が言えるのでしょうか？　性生活のパートナーが不在のまま、これから40代、50代と年齢を重ねていく彼らに対して、性教育が語れることがあるとすれば、それはどのようなメッセージなのでしょうか？

鶏の胸肉とボランティア

限りなく無職に近い自称起業家だった当時、私の日々の主食は近所のスーパーで安売りしている鶏の胸肉でした。野菜と一緒に油で炒めるだけでなく、カレーにしたり、一度冷凍した後に薄切りにして、しゃぶしゃぶ風にして食べたり……と、胸肉だけでかなりのレパートリーを開発しました。

朝6時に起きて会社の仕事をして、11時から16時までチラシ配りのバイトをして、それから胸肉づくしの夕飯を食べて、そのまま深夜までパソコンに向かって仕事。休日もなければ恋人もおらず、客観的に見ると惨め以外の何物でもない暮らしだったわけですが、そうした殺伐とした生活の中でも不思議と悲愴感や孤独は感じませんでした。

当時私は事業で関わっていた高齢者福祉の勉強の一環として、自宅近くのデイサービスでお茶出しやレクリエーションのボランティアをしていました。そのデイサービスは人格者の所長と優しい職員の方々がそろっており、とても和気あいあいとした雰囲気でした。

20代で唯一の男性ボランティアだった私は、「若い男」というただそれだけの理由で利用者の70～90代の女性に好かれまくり、まんざらでもない気分になりました。「同世代の女性に全くモテなくても、自分にはキヨさん（78歳・仮名）やイノさん（89歳・仮名）がいるじゃないか……！」と、妙な自信が湧いてきました。居心地のよさもあり、そのデイサービスには1年半近く通いました。

ボランティアとその日の仕事を終えた後、近所の銭湯に入ってリフレッシュして、ドン・キホーテの環七方南町店で焼き芋アイスを買って、同じく方南町のブックオフで漫画やビジネス書を立ち読みして、肉のハナマサで胸肉の底値を確認してから帰宅する……という日々の何気ないイベントが楽しかった記憶があります。焦りや不安が全くなかったと言えば嘘になりますが、そのデイサービスを含めて、当時住んでいた和泉・方南町という町自体が、その時の私にとっての「居心地のよい居場所」になっていたのだと思います。

「貧困世代」のための「大人の性教育」とは?

前述の通り、未婚×非正規の男性の多くは、恋愛や結婚という選択肢がそもそも与えられていない(手段の欠如)、そしてそういった選択肢を自分の意志で選び取れると思っていない(動機の欠如)という二重の困難を抱えています。

こういった人に対しては、まず選択肢を自分の意志で選び取るための土壌、すなわち「こんな自分でも他人とコミュニケーションができるんだ」「相手に自分の気持ちを伝えてもいいんだ」という自己肯定感を育むための環境を整備する必要があります。

性教育の現場では「いかにして本人に自己肯定感を身につけてもらうか」が大きな課題になっています。自分で自分を肯定できない状態では、自分の性を大切にすることはできません。自分の性を大切にできない人は、他人の性も大切にできない。結果として恋愛やセックスといった関係を結ぶことが難しくなります。

子どもの場合、自己肯定感は親や教師をはじめとする周囲の大人から与えられるものでしたが、大人になると、自らの手で自己肯定感を得られるような機会や経験を積み重ねる必要があります。そう考えると「貧困世代」に対して「大人の性教育」の観点から伝えるべきメッセージは「自己肯定感を育むことのできる環境を作ろう」の一言に尽きます。

自己肯定感を育むための環境とは、分かりやすい言葉で言い換えれば「居場所」です。ありのままの自分が肯定され、誰からも傷つけられない安全かつ安心な空間。こうした居場所を日々の生活の中で確保することができれば、そこから心身に余裕が生まれます。この余裕こそが、自分以外の他者に興味関心を向けること＝恋愛やセックスのモチベーションを育むための原点になります。

前述の「ヴァージンアカデミア」の受講生も、受講当初は非正規雇用であることや外見に関するコンプレックス、あるいは仕事で多忙などの理由で、なかなかそういった余裕を持てない人が少なくありません。しかし余裕のない状態でいくらパートナー探しをしても、まず結果は出ません。恋愛やセックスは「いかに相手の立場に立った行動ができるか」を競うスポーツのようなものなので、自分のことにしか関心を持つ余裕のない人は、そもそも試合自体に参加できません。

自分に自信と余裕を持てない若い男性が、デイサービス等の福祉施設でのボランティアを通して、女性高齢者にモテまくり、恋愛に必要な自己肯定感を獲得する……というシナリオは、一見するとコメディのように思えるかもしれませんが、現実的に考えれば決して悪くない方法かもしれません。

何が居場所になるのかは、人によって様々であり、唯一の正解があるわけではありません。私のように近所のデイサービスでのボランティアが居場所になる場合もあるでしょうし、本や映画、アニメやゲームなどが居場所になる人もいるでしょう。前述の革非同は、「すべてのモテない人々のための心のセーフティネット」を標榜しています。『漫画ルポ 中年童貞』の中には、読書会への参加を通して女性とのコミュニケーション・スキルを獲得していった男性の例が紹介されています。

また恋愛やセックスに関する多数の著作があるAV監督の二村ヒトシ氏は「居場所とは『一人でいても寂しくない場所』である」と喝破しています。居場所は必ずしも集団である必要はありません。

まずは社会の中に、どのような形でも構わないので、自分なりの「居場所」を作りましょう。そこから生まれる安心感や余裕が、あなたをもう一度恋愛やセックスへと向かわせるための勇気、もしくは恋愛やセックスがなくても凛として生きられるための勇気を生み出してくれるはずです。

B：未婚×正規……「嫌婚男子」のための「大人の性教育」

婚活市場では、女性が余っている!?

独身男女の集う婚活パーティや結婚相談所というと、あなたはどのような世界をイメージされるでしょうか。そういった場所は「結婚したいのだけれどもできない」中年男性で溢れかえっており、少数の美人女性をめぐって冴えない男たちが激しい争いを繰り広げている……というイメージを持たれているかもしれません。しかし、それは必ずしも事実ではありません。

結婚相談所を経営する男性にお会いした際、「男性の登録者が少なくて困っているところが多い」という話を聞きました。婚活に意欲を燃やしている女性が多数登録している反面、男性は結婚に対する意欲が低く、なかなか婚活市場に参戦してこないそうです。

全国の結婚相談所１５０３社が加盟する日本結婚相談所連盟（ＩＢＪ）のデータを見ると、結婚相談所に登録している会員数（２０１７年６月当時）は、女性３万４１５２人に対して男性２万３４８９人。女性の方が１万人以上多い状態です。男性は30～40代が中心で、全体の7割は大学または大学院を卒業している会社員もしくは公務員。そして彼らの大半は、国税庁発表の平均年収（平成27年分民間給与実態統計調査）の420万円を上回る収入（年収500万〜1000万円）を得ています。まさに安定した収入と生活基盤を持っている「未婚×正規」の男性が集まっている世界だと言えます。

この数字だけを見れば、婚活市場では男性の方が圧倒的に有利な立場であり、好みの女性を選び放題のように思えるかもしれません。

しかし、こういった「濡れ手で粟」状態になっている婚活市場を目の前にしても、多くの男性は石のように動きません。そういった動かざる男性たちは、前節で述べた未婚×非正規の「貧困世代」の男性たちのように、決して恋愛や結婚という選択肢自体を喪失しているわけではなく、女性と付き合いたいという願望がないわけではありません。

「まず結婚ありき」で高い目的意識を持ってパートナー探しをする女性とは異なり、多くの男性は、まず恋人を見つけて、それからその女性と結婚したいかどうかを考える傾向にあります。「まず結婚ありき」ではなく「まず恋人ありき」なのです。

ちなみに私自身は「まず結婚ありき」のタイプで、28歳で恋人なしの状態から婚活を開始し、婚活サイトで出会った女性と2か月後に入籍するという「マッハ婚」をしました。男性の場合、「まず結婚ありき」で行動すれば一瞬で結婚できる（できてしまう）、という好例なのかもしれませんが、私のように恋人がいない段階で一足飛びに結婚を目指す男性は、あくまで少数派でしょう。

そう考えると、これだけの買い手市場にありながら男性が結婚に対して消極的になる背景には、結婚願望の有無や出会いの機会の有無ではなく、「まず恋人ありき」という価値観に依拠していながら、「恋人がいない」「恋人を作れない」という問題が隠れています。

それでは、なぜ彼らは恋人を作らない（もしくは作れない）のでしょうか？　その原因は、大きく二つに分けることができます。

「ソープに行け！」では解決しない

一つ目は「女性とどう付き合えばよいか分からない」という理由です。単純にこれまで女性との交際経験がないため、異性とのコミュニケーション・スキルが身についておらず、恋愛のやり方そのものが分からない。

これはいつの時代も男性を悩ませてきた古くて新しい問題です。昔であれば「うじうじ悩むな、小僧ども。ソープへ行け！」の一言（『ホットドッグ・プレス』のハードボイルド人生相談「試みの地平線」での作家・北方謙三（きたかたけんぞう）氏の決め台詞）で解決したのかもしれません。「男は風俗で女性を学ぶもの」という価値観が残っていた時代の話ですね。

男性の婚活を支援している人の中からは、「女性に慣れてもらうため、風俗店で女性と模擬デートできるコースを作ったらどうか」という意見も出ることがありますが、私がこれまで見聞きした限りでは、実際に風俗店がそういったコースを作った事例、そしてうまくいった事例は見たことがありません。男性側の見栄やプライドの問題もあり、単純にユーザーが集まらないのでしょう。

「女性とどう付き合えばよいか分からない」という男性は、ソープで高いお金を払って女性と一緒にお風呂に入りたいわけでも、キャバクラで飲めないお酒を無理に飲みながら女性と盛り上がりたいわけでもありません。ただ純粋に、自分が傷つかない・相手を傷つけないことが保証された空間の中で、安心して女性とコミュニケーションをとる訓練をしたいだけです。

こうした欲求は、ある意味では当たり前のものです。性教育の世界でも昔から言われてきたことですが、今の社会には、恋愛やセックスを公的に学習する場、及び練習する場がありません。すべては「ぶっつけ本番」になり、その結果として多くの男性が傷つくことを恐れて性愛の世界に踏み出せず、自分の殻に閉じこもってしまう状況が続いています。

性教育はJKビジネスに敗北した？

そうした現状の中で生まれるべくして生まれたのが「JKリフレ」というサービスです。ここ数年、女子高生（JK）をはじめとする10代の若い女性が男性客に対して散歩や会話、ハグやマッサージなどのサービスを提供する「JKビジネス」がメディアを賑わせています。その中でもJKリフレは、カーテンで仕切られた個室で女の子と一対一の状態になり、会話やハグなどを楽しむことができるサービスです。ちなみに2017年9月現在、警察による摘発や都条例による規制もあり、JKリフレで働いているのは現役の女子高生ではなく、女子高生を装った制服姿の18～20歳前後の女性です。

JKリフレに通う男性というと、脂ぎった制服マニアや女子高生マニアが多いのでは、というイメージを持たれるかもしれません。確かにそういった層も一定数存在するのですが、私が取材した限りでは、そういったマニアは決して多数派ではなく、ユーザーの大半はごく普通の会社員や学生でした。

彼らが求めているものは、若い女の子とイチャイチャすることによって得られる「癒やし」ですが、その一方で少なくない数の男性が「リフレを利用することで、女性とのコミュニケーション・スキルが向上した」と証言しています。個室で女性と一対一になれる。そして射精にもお酒にも逃げずに、一定の時間、二人だけで密なコミュニケーションをとることができる。カウンセリングやマッサージとは異なり、女性の体に触れることもできる。今の社会にはそういった場は、良くも悪くも確かにJKリフレしかありません。

もちろん、リフレには気持ちよく利用するためのルールが存在します。女の子にツイッターで粘着し、勘違いをして迫るような男性、メニューにないサービスを要求する男性は敬遠・排除されます。リフレでモテない男性は現実世界でもモテません。

そう考えると、JKリフレは、性愛に関する学び場・語り場の存在しない今の時代における「トレーニングジム」、あるいは男性が恋愛・婚活市場に復帰するための「リハビリ」として機能していると言えます。北方謙三氏が「うじうじ悩むな、小僧ども。リフレへ行け!」と喝破する日も近いのかもしれません。

冗談はさておき「性教育はJKビジネスに敗北した」とならないためにも、JKリフレ以外に成人男性が女性とのコミュニケーション・スキルを実地で学ぶことのできる場を増やしていくことが、「大人の性教育」の課題の一つであると言えます。

女性と付き合う意味そのものが分からない？

「女性とどう付き合えばよいか分からない」という問題は、単純に女性とのコミュニケーション・スキルを学ぶこと、もしくは学ぶ場を確保することによって解決可能です。しかし男性が恋人を作らない（作れない）背景には、もう一つ、より深刻な問題が潜んでいます。それは「女性と付き合う意味そのものが分からない」という問題です。

男性にとって、結婚は妻子を養うための経済的負担の増加や、趣味に使える自由時間の減少につながる要因になります。そのため、結婚せずに経済的・時間的な自由を謳歌する高学歴・高収入の男性たちは昔から存在しました。

一方、近年はそういった「独身貴族」だけではなく、個人の損得計算を超えた部分で、社会的に恋愛や結婚の魅力やメリットが低減しています。「なぜ結婚しないのか？」と尋ねられる時代は終わり、「なぜ結婚するのか？」と不思議がられる時代に突入している、と言ってもいいのかもしれません。

恋愛や結婚を含めて、時間をかけて他者との関係性を作ることは、今の社会では費用対効果が低いという現実があります。人形劇を用いた赤裸々トークを売りにしているNHKの人気番組『ねほりんぱほりん』（2016年10月放送「二次元しか本気で愛せない女たち」）では、いつも二次元（アニメ）にときめいているという女性たちが「二次元はキャラがぶれない」「セックスのときは電気を消して、相手の男性の顔をアニメのキャラにすげ替える」などと語り、話題を呼びました。

　こうした三次元＝生身の相手との恋愛や結婚をあくまで「二次元の補完物」として捉えるような発言は、一昔前であれば男性の専売特許でしたが、近年では男女を問わず「若者の三次元離れ」が広がっているのかもしれません。

　二次元を愛する男女が異口同音に語るのは、「予想外のことは起きてほしくない」ということ。人間関係は言うなれば予想外の出来事の連続です。それこそが他者と付き合う醍醐味でもありますが、予想外の可能性やリスクに振り回されるのは非常に疲れることでもあります。支払った時間的・精神的・金銭的コストに見合ったリターンが返ってこないのであれば、はじめから自分を裏切らない二次元（もしくはそれに類する趣味や娯楽）を選ぶ。この判断自体は極めて合理的です。

　さらに結婚という制度自体の硬直性、コストパフォーマンス（以下コスパ）の悪さも、そうした判断を後押しします。異性愛者同士で、一対一でないとできず、夫婦別姓も選択不可能。女性のみに再婚禁止期間もある。一度結婚すれば、配偶者以外の相手との恋愛やセックスは禁止。子どもが生まれても社会的な支援は乏しく、育児負担と教育費が重くのしかかる。別れる際にも相当な精神的・時間的・金銭的負担（慰謝料）がかかる。見方によっては、単なる罰ゲーム以外の何物でもないように思えるかもしれません。

多様な生き方ができるよう、現実に即した夫婦別姓や同性婚、パートナーシップ制度など他国で認められている制度を日本でも導入しようという動きはありますが、「皆婚社会」に育った高齢世代が政策の意思決定権を握っている現状では、少なくとも短期的には実現の可能性は低いでしょう。

こうした状況下では、「結婚する意味そのものが分からない」という男性が増えることは必然だと言えます。結婚という名の罰ゲームにわざわざ参加するよりは、AV・アニメ・ゲームなど、男性の性的欲求を満たすためだけに作り込まれた商品やメディアに耽溺している方が圧倒的に楽、という人は多数存在します。

結婚自体が制度疲労を起こし、若い世代にとって魅力が薄れている「嫌婚社会」になっているにもかかわらず、「皆婚社会」の記憶が消えない年配世代や自治体は「結婚しないことは不幸だ」「本当の幸せを教えてやる」と言わんばかりに、全く効果のない婚活イベントに税金を突っ込む。結果的に、さらに嫌婚社会が加速する……という悪循環が生じています。

それでは、こうした「嫌婚男子」に対して「大人の性教育」は何が言えるでしょうか？

パートナーを作ることの意義とは？

性教育の中で最も重要な概念の一つに「性の自己決定権」があります。簡単に言えば、「自分がどのような性生活を、いつ・誰と・どのように行うかは、自分で決める」というものです。誤解されがちですが、性教育の目的は子どもや若者に「恋愛しなさい」「セックスしなさい」と強制することではありません。性の自己決定権を身につけた上で、本人が自分の意志で「恋愛しない」「結婚しない」という決定をしたのであれば、それは尊重されるべき、と考えます。

恋愛や結婚よりも二次元や趣味を選ぶこと自体は、あくまで個人の自由です。それ自体は悪でも間違いでもありません。VR（バーチャルリアリティ）技術を活用したゲームや性的娯楽の普及により、空想が現実を凌駕する時代はすでに訪れています。

ただ、いくら「恋愛しない」「結婚しない」という決定が個人にとっては合理的な判断だとしても、皆がパートナーを作らず子どもを産まなくなってしまえば、社会の持続可能性自体が危うくなってしまい、社会全体で見れば非合理な方向へ向かってしまうことになります。

結婚しなくても子どもを産み育てられる社会を目指せばいい、という見方もあるかもしれませんが、日本の婚外子出生率がわずか2％程度であることを考えれば、そういった社会の実現は少なくとも短期的には不可能です。

そのため「大人の性教育」の立場から「嫌婚男子」に対してできることは、ただ一つ。牧歌的な結婚賛歌や「男子たるもの結婚すべし」といった古めかしい道徳論に依拠せずに、パートナーを作ることの意義を合理的に説明して、観念の世界で充足しがちな彼らを、現実の世界の異性とのコミュニケーションへと向かうように動機づけることです。

観念の世界から彼らを引っ張り出すには、こちらも観念の世界の言葉を使う必要があります。そこで以下、パートナーを作ることの意義について、再び私個人の経験を、あえて観念的な視点から話してみたいと思います。

その体験はあなただけのもの

何を隠そう、私自身も20代の前半までは「嫌婚男子」の一人でした。私の通っていた東京大学では女性経験の乏しい男子高出身者が多く、女子と交際を始めると舞い上がってしまい、いきなり結婚について語りだすというケースが頻繁に見受けられ、男女共学高出身者からは一種の笑い草になっていました。私自身も、そういった男子を冷ややかに眺めている側の人間でした。当時は特に好きな相手もいなかったせいもあって、恋愛や結婚、及びそれらを無条件で善きものとする風潮に対しては、非常に懐疑的な見方をしていました。

大学の社会学のゼミ研究で性風俗店における「恋人プレイ」の調査をしていたことも、恋愛への懐疑に拍車をかけました。当時の歌舞伎町や池袋、渋谷の性風俗店では、女性と恋人気分になれる「恋人プレイ」というコースが流行していました。性風俗の世界における「恋人らしさ」とは、「手をつなぐ」「いちゃいちゃする」「名前で呼び合う」「見つめ合う」といった凡庸かつ陳腐な記号の集合体で構成されており、そうした架空の「恋人らしさ」を味わうために男性客が決して安くないお金をつぎ込む、という不毛極まりない世界でした。

「性風俗の恋人プレイに限らず、現実の恋愛も、結局は『恋人らしさ』という記号の組み合わせにすぎないのではないのか」「だとすれば、そうした入れ替え可能な記号をなぞるだけ、記号の組み合わせを反復するだけの行為に情熱を燃やすのは、全く意味がないのでは」と考えていました。

今にして思えば、単純にモテない自分を正当化しているだけ、安全圏で観念的な分析をすることで悦に入っているだけだったのかもしれませんが、いわゆる恋愛的なものに全く興味が持てなかったのは事実です。あらゆる物事を相対化して考える社会学のダークサイドに無意識のうちに没入していたのかもしれませんが、特定の誰かを「他の誰とも入れ替え不可能な、かけがえのない存在」として認識することができなかったのです。

そうしたひねくれた考え方の持ち主だったため、恋人はもちろん、大学にも友人らしい友人はほとんどいなかったのですが、同じく社会学を専攻していたA君とは妙に気が合い、2人で本郷のマックやスタバで社会学談義に花を咲かせていました。

卒業間近になってA君が大阪で就職することになり、彼の出発を見送るために東京駅に行きました。見送りの場には、私とA君の同い年の彼女のB子さんが同伴しました。B子さんは東京で就職が決まっており、大阪に行くA君とは遠距離恋愛になる予定でした。

ところが新幹線のドアが閉まる直前に、B子さんが突然「私も、A君と一緒に大阪に行く！」と叫んで、A君の乗っている新幹線に飛び乗りました。私は驚いて「えっ、B子さん東京で就職が決まっているんでしょ？　どうするの!?」と問いかけました。するとB子さんは「私も大阪で就職する！」と宣言しました。A君は「まぁ、そういうことになったので、よろしく」と横でニヤニヤしています。そんなバカな、何を考えているんだこの2人は、と私が狼狽しているうちにドアが閉まり、新幹線は大阪へ出発してしまいました。

東京駅のホームに1人残された私は、「こ、これが恋愛の力なのか……」と呆然と立ち尽くすしかありませんでした。そこまで人生を狂わせるほどの魔力があるものなのか。するど、10分後にA君からメールが届きました。実はさっきの振る舞いは私を驚かせるための芝居で、B子さんは品川駅で降りたとのこと。「だ、だまされた!」と私は愕然としたのですが、そのあとA君から次のような内容のメールが送られてきました。

「坂爪君は、いつも『あらゆるものは入れ替え可能だ』とか言っているけど、今日のこの体験は『入れ替え不可能』なものだったんじゃないかな?」

「嫌婚化」した男性を「親婚化」させるために

A君からのこのメッセージは、それから十数年経った今でも、未だに私の記憶に残っています。当時の私も含めた「嫌婚男子」の多くは、恋愛や結婚はあくまで「入れ替え可能」な手段にすぎない、と考えているはずです。

すなわち、特定の他者を「入れ替え不可能」な存在と思い込むことができない。そして恋愛や結婚で得られるようなメリットや喜びは、他の手段で、かつよりコストの低い形で、いくらでも満たすことができる。だから無理に恋愛や結婚をする必要はない、という考え方です。

確かに理論上はその通りです。前述の日本結婚相談所連盟（ＩＢＪ）のデータを見ればお分かりの通り、安定した年収と仕事を持った男性にとって、恋愛や結婚の相手となる女性はいくらでも入れ替え可能です。女性の年齢・容姿・学歴・資格・職種・趣味などの各種スペックも、いくらでも入れ替え可能です。

しかし、表面的に判断すれば「入れ替え可能」にすぎない相手であっても、そうした相手と一緒に体験した記憶や出来事、積み重ねた関係性は、入れ替え不可能です。東京駅のホームで、私がＡ君に一杯食わされたのが「入れ替え不可能」な体験であることと同様に。

つまりこの世界で入れ替え不可能なものは、他者との関係性と、その相手と一緒に過ごした体験の記憶のみです。よって本当に入れ替え不可能なものが欲しいのであれば、頭の中で観念的な理屈をこね回すのではなく、あらゆるリスクやコストを引き受けた上で、他者とのコミュニケーションに乗り出すしかない。Ａ君は、恋愛をはじめとする他者とのコミュニケーションを信じていなかった当時の私に、この事実を突きつけたかったのではないでしょうか。

合理的な判断の結果「嫌婚化」した男性を「親婚化」させるためには、「男はかくあるべき」といった道徳や感情に訴えかけるのではなく、同じく合理的な判断をするために必要な条件や情報を、実体験を伴う形で提示するしかない。

「嫌婚男子」には、多かれ少なかれ「一度も結婚したことがないのに結婚を否定している」ことへの後ろめたさが残っているはずです。他者との関係性を作ることと徹底的に向き合った上で結婚を否定するならまだしも、他者と向き合わずに結婚を否定するのはよくない。そのこと自体は、彼らもよく分かっているはずです。

その後ろめたさを、A君が私に対して仕掛けたようなトラップのような形で鋭く突くことができれば、「嫌婚化」した男性を「親婚化」させることは決して不可能ではないのではないでしょうか。

人間は、1人では何もできません。またずっと1人の状態では、人として成長することは困難です。パートナーを作るということは、自分にできることを増やすことでもあり、自分自身を成長させることでもあります。不完全な私たちが生きていく上での生存戦略を合理的な観点から考えれば、自分を成長させる機会、そして仲間を得る機会は多い方がいいはずです。

未婚×正規の「嫌婚男子」に対して「大人の性教育」が伝えるべきは、「本当に入れ替え不可能なものが欲しければ、あらゆるリスクやコストを引き受けた上で他者と向き合うしかない」というメッセージです。

C：既婚×非正規……「呪い」を解くための「大人の性教育」

非正規での結婚も増えていく

メディアで貧困報道が溢れている昨今、「非正規の男性は結婚できない」というのは揺るぎない通説のようになっています。確かに正規雇用の男性と比較すれば、非正規雇用の男性が結婚しにくいことは各種データからも明らかになっています。

内閣府の「平成28年版　少子化社会対策白書」によると、非典型雇用者（パート、アルバイト、労働者派遣事業所の派遣社員、契約社員・嘱託など、正社員以外の呼称で働いている被雇用者）の有配偶率は低い水準に留まっています。30～34歳の男性では、正社員の人の有配偶者率は57・8％ですが、派遣・契約社員の人は23・3％、パート・アルバイトの人は13・6％と、いずれも正社員の人に比べて圧倒的に低い数字になっています。

一方で、非正規雇用率の上昇に伴い、これからは非正規の状態で結婚する人（結婚せざるを得ない人）が増えていくことが予想されています。2012年元日深夜に放送されたNHKの討論番組「新世代が解く！ニッポンのジレンマ」において、評論家の宇野常寛氏は「非正規雇用の夫婦が共働きで子ども2人を育てるくらいの基準でもういちどOS（オペレーティングシステム）をつくり直すべき」と主張していました。確かに、非正規雇用率の上昇に歯止めがかからない現状では、それに見合った形で雇用・住宅・育児・教育等の社会インフラを作り直す必要があるでしょう。そう考えると、既婚×非正規の男性の性生活は、「大人の性教育」としても見逃すことのできない領域になってくるはずです。

結婚時の貯金残高は11万円

何を隠そう、私も経済的に極めて不安定な状態で結婚に踏み切った男性の1人です。私が結婚したのは、現在の法人を立ち上げてから約2年目のことでした。くどいようですが、売上を作れない起業家はただの無職であり、非正規よりも悲惨な状態です。創業時は売上も超低空飛行で、まさに「不安定」が服を着て歩いているような状態でした。

現在の妻と出会った当時、私の銀行の貯金残高は11万円しかありませんでした。今思えば「よくその状態で婚活していたなお前は」と自分の度胸に拍手を送りたい気分です。

結婚の話が進んで、お互いの貯金残高の話になったとき、「さすがに11万円ではまずいだろう」と思いました（そうした危機感が働く程度には、まだ世間の一般常識がかろうじて私の中に残っていたようです）。

　そこで私は「とりあえず妻が不安にならない程度の金額で仮申告しておこう」と思い、「大丈夫！　貯金、30万円あるから」とドヤ顔で微笑みました。桁を間違っているんじゃないのか、と突っ込まれそうですが、当時の私の中では30万円が超大金であり、「これだけあれば余裕で結婚できる&女性にも安心してもらえるだろう」と心から納得できる金額だったのです。どれだけ貧乏だったんだという話ですが、妻には完全に「ああ、この人絶対30万円も持っていないだろうな……」とバレていたようです（そんな不安定極まりない人間と結婚してくださったことに、この場を借りて改めて感謝申し上げます）。

　このように、経済的に不安定な状態でも結婚する人はするわけですが、経済的に不安定な既婚×非正規の男性が抱える性の問題は、意外と言語化されていないのではないでしょうか。以下、「大人の性教育」という観点から、既婚×非正規の男性が抱えがちな困難を分析していきたいと思います。

妻より稼げない男性の鬱屈が向かう先

既婚×非正規の男性の場合、「自分よりも妻の収入が多い」という状態に陥りがちです。

国税庁の「民間給与実態統計調査」（2014年）によれば、非正規の男性の平均年収は約222万円ですが、正規の女性の平均年収は約359万円です。つまり妻が正規雇用の場合、夫の年収を上回ることになります。

「妻に稼いでもらえるならば、それでいいじゃないか」と思われるかもしれませんが、話はそう簡単ではありません。「男は稼いで当然」という旧態依然とした価値観が残っている状態で、長い間妻より稼げない状態が続く場合、夫のプライドは傷つきます。そうした傷がネガティブなエネルギーとなって噴出する場合もあります。

私の法人では、性風俗店で働く女性に対する無料の生活・法律相談事業「風テラス」を実施しています。風テラスに相談に訪れる女性の中には、夫が働かない（働いていても稼げない）からという理由で、性風俗店で働くことを選択した人が少なからず存在します。夫が無職や非正規雇用、タクシードライバーなどの歩合制の職種についており収入が不安定であるため、妻が生活費の不足分を補う必要に迫られ、短時間でまとまったお金を稼ぐことのできる性風俗の仕事を選ぶ……という情景は、この世界では日常茶飯事です。

多くの場合、彼女たちは性風俗の仕事をしていることを夫には秘密にしています。「自分の妻が性風俗で働いていた」という事実、そしてその理由が「自分が満足に稼げないこと」

にあったという事実が明らかになってしまえば、夫のプライドは粉々になってしまうはずです。場合によっては、やり場のない怒りの矛先が妻に向かい、激しい暴力につながってしまうこともあります。性風俗で働く女性たちの背中からは、結婚しているけれども思うように稼ぐことのできない男性の苦しさ、生きづらさの存在が間接的に浮かび上がってきます。

規範と現実の板挟み

男性にとって、経済面が他律的に安定している状態、すなわち妻や両親などの自分以外の他者の稼ぎによって生活できている状態に居続けることは、性生活におけるリスクを増幅させる可能性があります。「男性は稼いで当然」という昔ながらの規範と「男性なのに稼げていない」という現実の間で板挟みになり、それによって蓄積されたストレスが、散財や浮気、妻への暴力で表出するようになる。

妻から経済的に支えてもらっている男性ほどＤＶや不倫をしやすい、という俗説がありますが、その背景にはこうした男性特有の屈折した感情があるはずです。

平均年収の低下に伴い、時代は「経済的に安定したら結婚」ではなく「経済的に安定するために結婚する」という流れに移り変わっています。厚生労働省の「国民生活基礎調査の概況」（平成27年版）によると、共働き世帯（１１１４万世帯）に対して、男性雇用者と無業の妻からなる世帯は６８７万世帯であり、１９８０年（昭和55年）には全世帯のうち31・5％を占めていましたが、２０１５年には13・6％まで低下しています。男性が稼ぎ主になって専業主婦の妻と子どもたちを養うという「男性稼ぎ主型モデル」は既に崩壊し、夫婦で共働きをしないと生活が成り立たない状態の家庭が大半です。

しかし「男は稼いで当然」という旧来の価値観は消えずに残っているため、男性は「十分に稼げていない」ことが負い目になって、自尊感情をすり減らしてしまう。経済的に支えてくれている妻を逆恨みして、不倫や浮気、浪費やＤＶという形で間違った「復讐」をしてしまう。

妻が自分を上回る経済力を持つことは、性生活にも影響を与えます。中には「自分より収入も社会的地位も高い妻には勃起しない」という男性もいます。セックスレスの背景に、こうした夫婦間の経済格差、それに伴う男性の自信喪失という問題も隠れているはずです。

こうした家庭内で経済的にも性的にも肩身の狭い状態に追いやられがちな既婚×非正規の男性に対して、「大人の性教育」は何が言えるでしょうか？

「男は稼いで当然」の呪いを解く魔法

「男は稼いで当然」という旧来の価値観は、いうなれば「呪い」です。すでに時代に合わなくなっているにもかかわらず、その呪縛に多くの男性が苦しめられています。

性教育の世界では「男らしさ」「女らしさ」といった固定化された性別役割に過度に囚われず、あくまで「自分らしさ」を大切にして生きることが称揚されてきました。つまり、性教育の一つの使命は、私たちにかけられた「男らしさ」「女らしさ」といった「呪い」を解くことだったわけですが、残念ながらその効き目はまだまだ不十分のようです。

転職や失業で妻より稼げない状態になったときに「呪い」が解けていない場合、男性は自責の念で二重に苦しむことになってしまいます。以下、「大人の性教育」の立場から、こうした「呪い」を少しでも緩和するためのヒントをお伝えしたいと思います。

どうしても男性は「稼いで当然」「稼げない自分は夫としての資格がない」と思い詰めてしまいがちです。しかし、多くの妻（特に非正規や自営業の男性と結婚する女性）は、結婚生活の質を夫の経済力だけで評価してはいません。そもそも経済力だけで結婚相手を決めるような女性であれば、最初から経済的に不安定な男性とは結婚していないはずです。

「男は稼いで当然」という呪いは、夫が妻からかけられた呪いではなく、夫が自分で自分にかけている呪いなのです。あなたに呪いをかけているのは、他の誰でもない、あなた自身です。まずこの事実をきちんと認めましょう。

そして「稼げない」という状態は、男性であれば誰もがぶつかる可能性があります。リストラ、失業、独立起業の失敗、病気や障害、育児や親の介護など、要因はいくらでもあります。社内政治や経済状況、災害や事故など、一個人の力ではどうにもならないものの影響もあるため、単純な自己責任論だけでは語れません。稼げない＝社会的に無価値な存在では決してないのです。

必要なことは、自分自身に呪いをかけるのをやめた上で、「働く」ということの評価軸を多様化させることです。「働く」という言葉は「傍を楽にする」と言い換えることができます。正社員として会社で8時間勤務して毎月20万円以上の給与を持ち帰る、ということだけが「働く」の唯一の形ではありません。毎日の食事作り、ゴミ捨て、子どもの送り迎え、お風呂掃除、家計簿作りなど、家庭内での「働く」は無数にあります。そして、そうした「働く」をきちんとこなしていれば、少なくとも妻からの評価は下がらないはずです。

私も、貯金残高が11万円しかなかった結婚当初から今に至るまで、専門職としてフルタイムで働く妻の代わりに、食事・洗濯・ゴミ出し・掃除・子どものミルク・おむつ交換・泣きやませ&寝かしつけ、保育園の毎日の送り迎えを分担して行っています。昨今の30代夫婦では家事分担は当たり前の話なので、決して自慢できるような話ではまったくありませんが、もし私がこういった家庭内での「働く」を一切行っていなかったとしたら、確実に夫婦関係は悪化し、こうやって偉そうに「大人の性教育とは」と語ることもできなかったでしょう。

前述の風テラスの相談に訪れる女性たちの「夫が働かない」という言葉の意味は、「稼げない」だけではなく、「家事・育児をまったくしない（自分がやるべき仕事だという認識自体がない）」という意味も含まれています。仮に思うように収入が稼げなくても、家庭内で夫がきちんと「働いて」いれば、そして腐らずに目の前の仕事を一生懸命こなしていれば、妻との関係はそう簡単には悪化しないはずです。

思うように稼げないとしても、決して卑屈にならず、自分に呪いをかけるのをやめて、まず家庭内で「働く」こと。そこから今の自分にできることを確実にこなしていくこと。これが「大人の性教育」の立場から、既婚×非正規の男性に伝えることのできる「呪いを解除するための魔法」です。

D：既婚×正規……「安定の不安定」を考える「大人の性教育」

2016年の不倫報道ラッシュに巻き込まれて

2016年は有名人・芸能人の不倫騒動に明け暮れた1年でした。テレビのワイドショーや週刊誌では毎月のように新しいスクープが報道され、流行語大賞のトップテンに「ゲス不倫」が選出されました。

こうした不倫報道ラッシュが起こる少し前、偶然にも『はじめての不倫学』（光文社新書）という挑発的なタイトルの新書を出版していた私は、テレビや新聞、週刊誌に女性誌、ネットニュースに至るまで、あらゆるメディアから「有識者」として取材ラッシュを受ける羽目になりました。加熱する不倫報道ラッシュの中で、明らかに私の本のタイトルや装丁を模倣したと思われる二番煎じ、三番煎じ本まで飛び出す始末でした。

一連の報道にコメンテーターとして間接的に関わった立場から言わせてもらえば、いずれの不倫報道も単純なスキャンダルとして消費されるだけで、「不倫の背景にある個人的・社会的な問題とどのように向き合っていくか」という生産的な議論には、残念ながらほとんど結びつかなかったと思います。不倫を報じられた人たちが、スキャンダルとは無縁だったCM女王、男性として初めて育休宣言をした国会議員、選挙への出馬を予定していた著名な障がい者など、「立場上、不倫によるスキャンダルを起こしてはいけない人たち」ばかりだったことも大きな原因だったのでしょう。

一連の報道では、30～40代の既婚男性が不倫相手の女性に送ったとされるＬＩＮＥの文面や生々しいスクリーンショットの証拠画像が次々に流出しました。こういった証拠画像を見て、「なぜ分別のある大人が、初恋に溺れた中学生のように迂闊な言動をしてしまうのか」と疑問に思った人も多いはずです。不謹慎かもしれませんが、こうした騒動は「大人の性教育」を考える上では格好の教材になります。

男性の育休取得宣言をした国会議員は、妻の出産直前に、夜の自宅にグラビアアイドルを招き入れてしまい、世間から大バッシングを受けて議員を辞職しました。明らかに「どう考えてもこのタイミングでやったらまずいだろう」というときに限って、一線を越えてしまう。その背景には一体何があるのか。そもそも、なぜ今の社会はここまで不倫を過熱報道するのか。なぜ不倫をした人は、職業生命を失うまで叩かれなければならないのか。それによって、果たして誰が得をしているのか……。多くの人が不倫をめぐってモヤモヤした思いを抱いた

1年だったのではないでしょうか。

答えの出ない不倫のモヤモヤ

残念ながら、不倫をめぐるこうしたモヤモヤに対して、これまでの性教育は満足な答えを提示することができませんでした。

性教育の世界では、自分の性を自分で決める権利＝「性の自己決定権」を獲得・行使することが一つのゴールとされています。その一方で、性の自己決定権を獲得した結果、婚外恋愛や婚外セックスという選択肢を取る人が少なからず存在することに対しては、性教育は多くを語ることができませんでした。売買春と同様、世間の常識に照らし合わせると道徳的ではない行為だとしても、当事者の間で合意の上で行われているのであれば、第三者が口を挟むべきではない、とリベラルな性教育者は考えます。せいぜい「婚外でもきちんと避妊はしましょうね」と苦い表情で指摘する程度でしょう。

そう、不倫は性教育のアキレス腱の一つなのです。同性愛や性同一性障害に関しては「性的マイノリティの権利を尊重しよう」「多様な性を認めよう」と饒舌になれますが、浮気や不倫といった複数愛については、「複数愛者の権利を尊重しよう」「婚外での多様な性関係を認めよう」とは口が裂けても言えない。婚外の性問題について、性教育はほとんど語るべき言葉を持っていません。

しかし「大人の性教育」を語る上で、そして既婚×正規の男性の性に関する問題を考える上で、不倫は外すことのできない問題です。

既婚×正規の男性は、未婚×非正規の「貧困世代」とは異なり、婚内外での恋愛やセックスの選択肢を持っています。また未婚×正規の「嫌婚男子」とは異なり、一人の女性をパートナーとして選んだ（選ぶことができた）という実績も持っています。そして既婚×非正規の男性が囚われている「男は稼いで当然」という呪いからも自由になっています。

社会的にも経済的にも安定した状態にあり、一見すると最も恵まれた存在に思える彼らが最後にぶつかる壁、それが不倫です。「女は不安になるとダメになり、男は安定するとダメになる」という恋愛の格言があります。男性の性生活にとって、社会的・経済的安定は必ずしも平和をもたらしません。一連の不倫報道で「ゲス不倫」として取り上げられた登場人物は、ほぼ例外なく仕事で社会的に成功した既婚男性でした。

果たして「大人の性教育」は、こうした既婚×正規の男性がぶつかる不倫という難題に対して、どのような処方箋を出すことができるでしょうか？

社会的自立・経済的安定が不倫を誘発する

ここまで見てきた通り、男性の性生活の質や量は、本人の経済状況や雇用状態に大きく左右されます。非正規雇用の状態から脱して正社員になれれば、結婚して円満な夫婦関係を送ることができれば、それによって性に関する問題はすべて解決すると思われるかもしれません。

しかし現実は必ずしもそうではありません。一連の不倫報道で取り上げられたように、仕事の成功による経済的安定と結婚による社会的安定それ自体が、また別の不安定の引き金になる場合があります。

経済的に余裕があるのであれば、金銭を介した愛人契約のように、割りきった関係のパートナーを作ればいいじゃないか、と思う人もいるかもしれません。確かに金銭を介した関係であれば、コントロールがある程度利くので安全かもしれません。しかし、いったん築かれた関係を事後的に割り切った関係に修正することは困難です。

『はじめての不倫学』の取材の過程で知った、外資系の大企業に勤務している40代の既婚男性は、泥沼化しつつあった部下の女性との不倫関係を清算するために、(相手の女性と話し合った上で)毎回のデートやセックスの度にお金を支払う、事実上の愛人契約の関係へと切りかえようとしました。しかし結局うまくいかず、かといって彼女と別れることもできず、その後もズルズルと関係を続けることになってしまいました。割り切ろうと思っても割り切れないし、抜け出そうと思っても抜け出せないのが不倫の魔力です。

また不倫に対するバッシングの中には、「自分たちはこんなに我慢しているのに、うまくやっているヤツがいるのはけしからん！」といったように、羨望や嫉妬の混じったものもあると思いますが、不倫をしている人たちは必ずしもやりたくてやっているわけではありません。中には「全く楽しくも気持ちよくもなく、ただ苦しいだけなのに、どうしてもやめられない」という人もいます。

ある30代の既婚男性は、セックスの相性が全く合わない女性と不倫関係を続けていました。相手の女性は浪費家で、デートの場所に有楽町や銀座の超高級ホテルを指定してきます。そしてベッドの上では石のように動かない。さらに事が終わった後は、せっかく予約した高級ホテルに泊まらず、そそくさと終電前に帰ってしまう。毎回高いお金を払って、性格も体の相性も合わない相手と気持ちよくないセックスを続けるなんて、いったい何の修業をしているんですか？　と聞きたくなったのですが、彼は「それでも会うのをやめられない」と言います。

不倫は個人の意思や道徳の問題だけでは語れないし、やめろと言われてやめられるものでもない。とってもモヤモヤしますが、不倫を考える上では、このモヤモヤにきちんと向き合うことが大切です。私たちの社会には、まだまだ「モヤモヤする力」が足りません。

社会的自立と性的自立の関係

一連の不倫報道の中で、最も多くの人をモヤモヤさせたのは、乙武洋匡（おとたけひろただ）さんの不倫報道ではなかったでしょうか。清廉潔白で爽やかなイメージのあった乙武さんが、複数の愛人と不倫関係にある、という報道は多くの人に衝撃を与えました。同時に、障がいのある人の性に関する社会的な注目も集まりました。

乙武さんの騒動に関して、私は幸か不幸か「障がい者の性と不倫を同時に語ることのできる唯一の識者」として、様々なメディアから取材依頼を受けることになりました。

乙武さんの不倫騒動についてコメントを求められた際、私は「障がい者の社会進出が進んだ近未来の姿である」と回答しました。障がいのある男性で、既婚×正規という社会的地位を獲得できる人は、決して多数派ではありません。

内閣府の『障害者白書』（平成25年版）によると、在宅の身体障がい者のうち、配偶者のいる人は60・2％。そして厚生労働省の「障害者雇用実態調査」（平成25年度）によると、従業員規模5人以上の事業所に雇用されている障害者数は約63万1000人。そのうち正社員の割合は、身体障害者は55・9%、知的障害者では18・8%、精神障害者は40・8%です。過去の調査と比較すると正社員の割合は低下し、非正規や短時間労働者の割合は上昇しています。

障がい者を取り巻くこうした厳しい雇用状況の中で、各方面で多彩な仕事や執筆をこなし、結婚して妻と子どももいる乙武さんは、圧倒的知名度と社会的影響力を持っておられました。そんな乙武さんの不倫が発覚した当初は、メディア側もどう扱えばいいのか戸惑っていました。

障がい者が社会的自立を果たすためには、就労による経済的自立だけでなく、「性的自立」が必要不可欠になります。性的自立とは、年齢に応じた性に関する正しい知識と情報を持ち、自らの意志で主体的に恋愛やセックスに関わっていけるようになることを意味します。

性的に自立するということは、決して楽しいことばかりではありません。自立に伴う責任やリスク、すなわち失恋やセックスレス、浮気や不倫などにぶつかる可能性が増えることを意味します。障がいのある人の社会参加が進んでいけば、健常者と同様に失恋や不倫に苦しむ人も増えます。社会的・経済的に困難な立場に追いやられがちな男性障がい者も、ひとたび社会的・経済的安定を手にすれば、不倫の誘惑に勝てなくなる。

その様子を見て、周りの人々は「障がい者が不倫をするなんて」もしくは「いや、確かに障がい者も不倫をするよな」とモヤモヤする。このモヤモヤは「正しいモヤモヤ」です。みんながモヤモヤすることで、これまで想像すらしなかった障がい者の性に対する想像力の射程が広がり、障がいのある人もない人も共に暮らすことのできる共生社会の実現に一歩近づくことができる。まさに「大人の性教育」です。

乙武さんが障がい者だからといってタブー視されたり変に気を遣われたりせずに、他の「ゲス不倫」をした男性たちと同様にメディアで叩かれたのは、共生社会の実現という観点から見れば、むしろ良かったのかもしれません。

乙武さんの不倫騒動は、ご本人とご家族にとっては大きな災難だったと思いますが、障がい者の社会進出が進んだ近未来の姿を示すだけでなく、多くの人に「不倫とは何か」「結婚とは何か」「障がい者の性とは何か」ということを考えさせる、大きな教育的効果があったのではないでしょうか。

不倫をした人が過度の社会的制裁を受けない社会

学びの過程でモヤモヤすることは大事ですが、ずっとモヤモヤしているだけではもちろん意味がありません。既婚×正規の男性がぶつかる不倫という問題については、スッキリした解決策がないことを踏まえた上で、何らかの結論を出す必要があります。

　不倫を完全に防ぐ策がないのだとすれば、私たちは一体どうすればいいのでしょうか？一つ目の対応策は、「不倫をした人が、過度に社会的な制裁を受けないようにすること」です。不倫を社会的に肯定・推奨することは当然できませんが、不倫した人をサンドバッグのように皆で叩いても何も解決しません。不倫をした人はあくまで配偶者に対して謝罪するべきであり、スポンサーのいるタレントや国民の代表である国会議員のように世間に対して謝る必要もなければ、謹慎・辞職する必要もありません。

「1回でも不祥事を起こせば、世間から袋叩きにされて一発アウト」という社会は、誰にとっても生きづらいはずです。不倫で議員辞職した宮崎謙介氏の妻である金子恵美議員は、『AERA』（2016年11月14日号）のインタビューで「一度や二度の過ちによって人生が終わってしまう社会ではいけないと思います。もっと寛容な社会であってほしい。本人が反省して生まれ変われるなら、私はその可能性を信じて応援したい。そう思い、宮崎の手を離さない決断をしました」と語っています。不倫の是非論や善悪は置いておいて、金子議員のこうした主張には共感できる人も多いのではないでしょうか。

依存の反対は「つながり」である

不倫には、薬物やアルコール、ギャンブルと同様に依存性があります。依存症治療の世界には、「アディクション（addiction）の反対はコネクション（connection）である」という有名な格言があります。すなわち、依存（アディクション）の反対は、素面や正常（ノーマル）ではなく、他者とのつながり（コネクション）のある状態だという意味です。

不倫の罠に陥ってしまった男性に必要なのは、隔離や社会的排除ではなく、つながりです。

2016年の不倫報道では、不倫が発覚しても瞬く間に鎮静化した人、初動対応を誤って延々と炎上し続けた人など、人によって大きく明暗が分かれる結果になりました。

評論家の荻上（おぎうえ）チキさんの不倫報道が持ち上がったときは、すぐに多くのメディア関係者や研究者、社会起業家の男性たちがツイッター等のSNSで「荻上チキ擁護」を表明し、報道は炎上する間もなく鎮火しました。

公の場での不倫発覚&文春砲直撃という窮地に陥ったことで、逆に本人の普段の誠実な仕事ぶり、そして人間関係のつながりが浮き彫りになった、という好例です。

もちろん不倫によって被害を受けた女性側から見れば、男性同士で不倫を擁護しあう様子は不愉快極まりないかもしれませんが、こうしたつながりがあれば、そもそも依存症としての不倫には陥りにくくなりますし、仮に陥ってしまったとしても、ダメージから回復すること、二度と同じ過ちを繰り返さないような形で社会復帰することは、比較的容易になるはずです。

性とは、人と人とのつながりそのものです。もちろん、そのつながり自体が新たな依存（アディクション）を招いてしまうこともあるかもしれませんが、そういった逆説をも受け入れた上で、他者や社会とつながることを厭わずに、自分自身の生と性に向き合っていくこと。これこそが、社会的に責任ある立場で活躍する既婚×正規の男性のための「大人の性教育」です。

以上、本章では4つの類型に分けて、大人の男性の性教育を考えてきました。それぞれの「窓」から見える世界にはそれぞれの長短があり、一見勝ち組に思える「既婚×正規」の世界が、必ずしもゴールでもなければ幸せでもない、ということもお分かりいただけたと思います。

性教育の理念が行き届いた世界は、決して皆が傷つけあわずに性を謳歌できる、といった牧歌的なユートピアではありません。皆が傷つけあいながら、悩みながら、それでも性愛に対する希望と期待を捨てずに、つながりを厭わずに前に進んでいけること。無理に白黒をつけようとせずに、グラデーションをグラデーションのまま受け入れるだけの寛容さを持っていること。それこそが、性教育の目指す「大人」の姿なのではないでしょうか。

私たちの社会をそういった「大人」の世界に近づけるため、そして、私たち自身が「大人」になるために、本書で提唱した「大人の性教育」が役立てば幸いです。

2-1 なぜ今「大人の性教育」が必要なのか？ 女子編

役立たずの性教育

憶えてますか？　学校で学んだことを。
役に立ちましたか？　性教育は。
そして、それを踏まえて、私たちは幸せになれたのでしょうか？

私、藤見里紗は10年ほど前、性教育の先進校といわれる学校で保健体育の教員として性教育に深く関わっていました。現在は、ＰＴＡや保護者向けに、全国各地で講演活動をしていますが、講演で右のような質問をすると、「役に立った訳ないじゃないか」といわんばかりの苦笑がもれ起こります。

性犯罪や性的な問題が起きると、「きちんとした性教育を！」という意見が必ず出てきますが、ではここでいう「きちんとした性教育」とは何なのでしょうか？　おしべとめしべの話をすれば、性犯罪は防げるでしょうか？　性の問題は起きないのでしょうか？　それとも、セックスの話をもっと具体的にすればよいでしょうか？　実際、生徒向けの講演では、学校側から「生徒の間で性の問題が出てきているので、なんとかしてほしい」という依頼を受けることが多いのですが、「ではマスターベーションやコンドームの話をしていいですか？」

と聞くと、「もう少しオブラートに包んで、命の大切さを伝えてほしい」などと言われます。「何をどこまで教えるべきか？」実はこのあたりが非常に曖昧なまま、公の場では議論すらできていないのが今の日本の現状です。

少し、ご自身の子どもの頃を振り返ってみてください。「性の目覚め」はいつ頃だったか憶えていますか？　初めて性的なものを見てドキドキしたこと。友達とキャッキャッとふざけながらタッチング（親しみを持って触れあい、戯れあうこと）の真似事をしたこと、はじめて好きな人ができたときのこと。恐らくその思い出は「汚らわしい、恥ずべきもの」ではなく、純粋な好奇心やワクワクドキドキにあふれたものであったのではないでしょうか。

また「性にまつわる悩みごと」としては、例えば、生理の悩み、初めてブラジャーを欲しいと思ったとき、胸の大小や性器の悩み、そして、電車で痴漢にあったとき……など。大人にちゃんと伝えられましたか？　どんな言葉をかけてほしかったでしょうか？　そうしたときに「どんな性教育があれば当時の自分に役立ったのか？」という視点を持ってみると、私たちが性教育として学んだものと、実際に必要だった知識には、大きなズレがあることが分かります。

これまでの性教育では「中絶をしない」「性感染症にかからない」ということをメインに、

「いつか本当に好きな人と出会い、結婚をし、子を産み育てることこそが幸せのカタチである」という道徳的価値観が裏のメッセージとして根深くありました。しかし、中絶をしても、性感染症にかかっても、きちんと主体的な対処をしていれば幸せになれます。また結婚しても、離婚しても、子どもを産んでも、産まなくても、男性でも女性でも、パートナーがいてもいなくても、自分が生きたい人生を生きること以上に、大切なことなどあるでしょうか。

性教育は「あなたが不幸にならないために、あなたを守るため……」と言いながら、単一の価値観を押しつけ、その枠からはみ出さないことばかりを大事にしてきました。しかし、ここまで多様な価値観がある世の中で、固定的な幸せの価値観を植えつけることは、その枠から少しでもはみ出た人たちにとっては苦痛でしかありません。

そうして大人になった私たちは、もう性的な問題から解放され、自由な身になれたかといういうと、決してそうではありません。歳を取っても、生理のときはキツイし、無防備なセックスをすれば、妊娠、性感染症のリスクがあります。夫婦関係、セックスレス、不倫、不妊、更年期など、性の問題は一生つきまとう、終わりのないものです。

私はこうした問題の根っこはすべてつながっていると感じています。大人たちが、自分たちの性の問題を「なかったこと」にしている雰囲気。これこそが、日本が抱える性の問題として一番深刻な問題であると思っています。

大人たちの「性について、悩みや問題があっても、それは恥ずべきもので、あまり人に話すべきではないと思っている」という雰囲気を子どもたちは敏感に感じ取っています。そんな状態の中で、子どもたちに「性のことで何か問題があったら、誰か頼れる人に相談しなさい」というのは、酷な話だと思います。大人ができていないことを、なぜ子どもたちができるのでしょうか。

しかしこれは、必ずしも大人が悪いという問題ではなく、私たちもそのように育てられた性教育の被害者であるため、致し方ないことです。とはいえ、この負の連鎖はできればここで断ち切りたいと考えています。

あいまいだからこそ、考える

私は「子どもを大切にしたいなら、子どもをケアする立場である大人をケアするべき」という考えを持っています。そのような想いから、現在は性教育者としての活動と並行してNPO法人マドレボニータという、出産後の女性の心と身体のケアを行う団体の認定インストラクターとして活動しています。出産後の女性は、過酷な出産という大仕事を終えた直後から、その傷も癒えぬうちに育児というハードな生活が始まります。

しかし、こうしたしんどさは「赤ちゃん可愛いから幸せでしょ?」という言葉に覆い尽くされ、声を上げることもできずに蓋をされてきました。その結果、虐待死数の中で0歳児の占める割合は2014年(平成26年)時点で過去最多の61%で、主な加害者は実母で63・6%となっています(厚生労働省)。2016年(平成28年)にマドレボニータが行った「産後うつ(出産後に陥るうつ病)的症状と日常生活に関するアンケート」では、産後女性1042人の回答のうち、診断には至らないものの「産後うつに近い症状を抱えていた」人が回答全体の77・1%にものぼりました。このように心も身体も不安定な母たちに「子育ては大事」「夫婦関係も大事」というのは無理があります。

マドレボニータの「産後ケアプログラム」では、赤ちゃんと一緒にできるバランスボールエクササイズの有酸素運動によって、体力を取り戻し、コミュニケーションワークで心のケアを行うことで、「母となった自分の身体と自分の人生」に向き合うことができます。それによって育児自体の大変さは軽減されることはありませんが、受講後、産後女性たちは産後に「翻弄」されるのではなく、大変だけど自分なりに産後を「味わえる」ようになってくるのです。

私自身、マドレボニータと出会う前は「性教育の教師たるもの性的に悩みがある状態であってはならない」と、夫とのパートナーシップ（夫婦関係）の問題やキャリアと出産についての悩みなど、自分の人生にまつわる性の問題に蓋をし、その結果、それに翻弄されていました。しかし、妊娠、出産をして、マドレボニータの教室に出会い、そのワークの中で、同じ立場の産後女性たちとお互いの話をすることで、作られた母像ではない、多様な人生観に触れることができました。そして、どの人の価値観も素晴らしいし、その一方で大変な面もあるけれど、どれを選ぶかは自分次第ということに気付くことができました。

結局のところ、人生において、どんな道を選んでも大変で、「完全に解決」ということはありません。8年間のマドレボニータのインストラクターとしての活動の中で、産後の問題をすべて解決した人間としてではなく、ずっとその大変さを味わう人間の1人として前に立てるようになりました。

そして性教育者としても同様に、性について悩み、考え続けるものの1人として性を伝えることができるようになりました。性の問題は、実に曖昧で、一生人間を悩ませる、しかし、その悩む価値のある問題であると。

歌手・星野源の曲『くだらないの中に』に「日々の恨み　日々の妬み　君が笑えば解決す

ることばかり」という歌詞があります。

性の問題は様々な深刻な事情があり、解決がなかなか難しいものが多いです。しかし、少し見方をずらして考えることで、愉しみながら、楽になってもらいたい、そんな想いで書きました。問題と真摯に向き合いながらも、「でもまあ、何とか向き合っていくしかないね」と、あなたがクスリと笑えたなら、自分も、あなたを取り巻く周囲の人も、一歩前進できるのではないでしょうか。

これまで私が、女子中・高生、女子大生、産後女性と向き合い、また自分が性的に幸せになるとはどういうことかと悩み抜いてきた中で、建前ではなく、本音で必要な性教育というものが分かってきました。学校教育では得られない、次章では、かといって『anan』には載っていない、これだけは！　の性教育をお届けしたいと思います。

2-2 大人の性教育基礎講座 女子編

今、大人の女性に必要な性教育とは？

２－１では「大人が性の悩みをなかったことにしているのが問題である」ということを書きました。それは、意図的になかったことにしているというより「どうせ女って、男ってそういうものでしょう」とあきらめている状態と言えます。

しかしこの「どうせ……」の根拠の多くは、曖昧な言説や知識によるものです。世の中にはＡＶやポルノ情報があふれていて、実はかなり固定したセックスイメージが刷り込まれています。それが本当に、客観的、科学的、人間的であるかどうかは問われずに、面白おかしく、刺激的で、快楽的な性情報の中で意識が作られてしまっている状態です。

ただ、学校で教わる性教育の知識が堅苦しく、とっつきにくいのは事実です。テストの点数のために熱心に勉強した人を除いて、真面目に取り組んだ人もあまりいらっしゃらないかもしれません。ほとんどほぼ白紙か、かすれた性教育の知識の上に、膨大な快楽的な性情報が上塗りされているのが実情です。

そこで、この章では学校で教わるような四角四面の話は抜きにして、性教育者の視点から、「ここだけは！」というところをピックアップしてお伝えしていきます。女性の人生において、性の課題とぶつかるターニングポイントがいくつかあるとすれば、これからお伝えするポイントを知っておくだけでもずいぶん生きやすく、自分らしい選択ができるようになると確信しています。

A：女子の性にまつわる生きづらさを解く！

あいまいな「女としての」私

「あなたの性別はなんですか？　そしてその根拠となるものを教えてください」

私が講演で毎度投げかける質問です。そして「あ、言わなくていいですよ、大体このあたりですよね」と、下半身を指差しながら言います。つまり、ついてるか、ついてないか、ということが根拠になっていますよね。

唐突に何を言い出すのかと思われたかもしれませんが「性教育についての講演」というと皆さん硬くなっている方が多いので、リラックスして欲しいという意味も込めて、ざっくばらんにそんな話し方をしています。

さて、そもそも自分の「男」と「女」という性別の根拠となるものは、一体何なのでしょうか？

私たちは、医師や助産師に取り上げられて、産まれてすぐに、ついているかついていないかを判断され、性別を決定されるわけです。このときの性別をざっくりと「体の性（生物学的性)」と言います。その他にも自分自身はどんな性別だと思うかという「心の性(性自認)」、そしてどんな性別を好きになるかという「好きになる性(性的指向)」があります。

また、あなたの体は100%女性の体と言えるでしょうか? そもそも100%の女性の体って一体何なのでしょうか? 私は一応女性ですが、自分の体、そして性器が100%女性の性器なのかと聞かれたら、実際のところはっきりと答えられないです。体育の教員をやっていた経験もあり、肩幅は広いし、骨太だし、ごっつい体つきです。

性器に関して言うと、人の顔がみんな違うのと同じように、人によって形状が全く違います。小陰唇や大陰唇の大きさが左右違う人もいます。色も教科書に載っている挿絵などとは違って、メラニン色素を多く含んでいるので、黒ずんでいることが多いです。

それを気にして、1年間の授業の最後の最後で悩みに悩んで「先生……私の性器、教科書とは違うんです」と相談にきてくれた生徒もいました。私は「生活に支障をきたさない限り、多くは問題のないことだけど、不安だったら、産婦人科に行ってみるといいよ。産婦人科の先生たちは日頃からいろんな人の性器を見て知っているから、何が問題かなど、きっとアドバイスをくださるはず」と、伝えています。

最初のパーセンテージの話に戻りますと、あえて数字に表すとしたら、私の体は、まあ女性度55％くらいな感じ（笑）と思っています。皆さんはどうですか？

心の性で言うと、私はいわゆる女らしい性格ではありません。でも日によっては、今日はめちゃめちゃ女子だなあ、という日もあります。夫に、私のいいところは？と聞くと「頼りがいがあるところ」と言われたりしますが（笑）、基本的に大雑把でおおらかな方だと思います。また、私から夫のいいところを考えたとき、自分より繊細だったり、丁寧だったりするところがすぐに思いつきました。その日の自分の中の、そして夫や、周りの人の「男度・女度」を愉しみながら、愛おしみながら暮らしています。そんな風に、人の心の中は日々揺らぎがあるものではないでしょうか。

どこからが同性愛？

好きになる性、についてですが、私は結婚して夫がいますので、一応、異性愛者ではあります。ただ、中高一貫の女子校に通っていたので、中学生のときは憧れの部活の先輩がいて、教室の前の廊下を通るだけでもドキドキしたりしていました。今でも、かっこいい女性を見ると、例えば、ソフトボールでオリンピックの金メダルを獲った上野由岐子（うえのゆきこ）投手など、カッコいいなあと惚れ惚れするときもあります。

でもそれは「憧れ」であって「本当に好き（つまりキスしたい、セックスしたい）」とかではないですよね？　と聞かれたりしますが、実際、皆さんは「あぁ、キスしたい！（セックスしたい！）だから、あの人が好き！」と人のことを好きになっていくでしょうか？　違いますよね。話していてなんとなく「好きかも」と思ったり、「友達だと思ってたけど、本当は違うのかも……」という風に、なんとなく恋心のようなものが湧いてきて、何だろう何だろうと思っているうちにズドンと恋に落ちるような。

きっと、キスがあるのか、セックスがあるのかというのは、もうちょっと先の話なのではないかと思います。

実際のところ、「はい！　今セックスしたいと一瞬思いましたね。ここからあなたは同性愛者です！」というはっきりした線引きはないのです。昔、同性愛者だったという人もいれば、60代になって気付く人もいます。自分は同性愛者だと相談に来た女子高生が、大学生になってから「彼氏ができました！」と報告に来ることもありました。

人を好きだな、とか、魅力的だなと思うことは自然発生的なことであり、好きの度合いにも濃淡があるものです。そのときの時代背景、自分の置かれている環境が影響することもあります。しかし「ここからが本当に〝好き〟になります」という線引きはないということです。そして、いつ、誰を好きになるか（性的欲求）は、自分でコントロールできることではありません。私も、あなたも、誰でも、固定することのできない、非常にあいまいな性を生きる、様々な可能性を秘めた存在なのです。

性はグラデーション

ここまでお伝えして、少しご理解いただけたかと思うのですが、人の性というものは、線引きのない曖昧なものです。日によって、人によって、大いに濃淡があるものです。つまり「性はグラデーション」である、ということを憶えておいてください。これは「同性愛者を差別しちゃいかーん！」とかいう話ではなくて、私も、あなた自身も「100％女性で、100％男性しか好きになりません」と断言はできないし、そもそも、線引きを作ることそのものがナンセンスです。それぞれが、唯一無二の自分の性を自由に謳歌すればよいわけです。

そして女性なのに……とか、男性なのに……と、そんなことで自分を卑下する必要は一切ありません。その「〇〇らしくない」という「ギャップ」はあなたの魅力となりうる大切な要素です。私も「もっと女性らしい体型になりたかったな」と思うときはありますが、それでも今の自分があるのはこの身体だからこそ、とその度に思い直しています。あなたも、

「あの人はああ見えて、見かけと性格やふるまいがまったく違うけど、そのギャップが素敵だな！」って思ったこと、きっとあるのではないでしょうか。

本当は知らない自分の性器

皆さんは、自分の性器を見たことはありますか？ 女性器は男性器と違って、外に出ているわけではなく、真剣に見ようとすると、相当な柔軟性が必要となりますので（笑）、ここは一つ手鏡をご用意くださいね。

なぜこんなことを聞くかといいますと、まず、自分の性器を実はきちんと見たことがないという人が女性ではとても多いからです。女子高生で、自分の外性器を見たことがある人はわずか40％、触ったことがある人は60％でした（〝人間と性〟教育研究協議会調べ）。大人の女性でも、夫には見せるのに、自分自身ではちゃんと見たことがないという人が少なからずいます。産婦人科の先生に聞いた笑い話ですが、クリトリスの存在を知らなかったおばあさんが、ふと自分の性器を見たときに「おできができている！」と病院に駆け込んできたなんてこともあるそうです。もちろん、性器を「陰部」と呼んでいるくらいですから、私たちが幼い頃から、見てはならない、聞いてはいけない、話してはいけないという刷り込みを大いにされてきたからに他なりません。しかし、正常なときの性器の状態を知らないと、どんなときが異常事態なのかが分からなくなってしまいます。

「性器いじり」は悪いことではない

親御さん向けの性教育の講座では、「お子さんが自分の性器を触ること自体は悪いことではない。自分の身体を自分で触ることは、自由であるし、性器自体が汚いわけではなく、ウンチやおしっこが出るところだから、触った後は手を洗わなければいけない、そして、触るのは人前でやってはいけない」と「マナーやエチケット」として伝えてもらうようにしています。

そうすると「では人前でなければいいのか」と不安になる方もいると思います。小学校1・2年生くらいまでの性器いじりは、自慰行為ではなく「指しゃぶりと同じ」と言われ、自分の身体の一部を触ることで、落ち着く、寂しさを紛らわす、安心するといった作用があり、あまりに頻繁ということでなければ問題ありません。

しかしこれは自慰行為ではないからいいということではなく、その延長上に自慰行為もあると考えてよいと思います。そんな歳で自慰行為なんて！　と思われるかもしれませんが、自慰行為自体は、誰にも迷惑をかけず自分の欲求を満たすことができるわけですから、決して悪いことではないのです。悪いことであるどころか、人として健全に生きていくために必要なことです。

ではなぜ私たち大人は不安に思うのかというと、それが性行動を早めるのではないかとか、何かトラブルに巻き込まれるのでないか、なにより、こんないたいけな幼子が、そんなはしたない行為をするなんて！　といった感情からではないでしょうか。しかし、いたいけで天衣無縫な子どもだからこそ、純粋な好奇心として性に関心を持ちます。体の中心部にあって、男の子だったら、自分の意図に反して性器が動いたりするわけですから、こんな面白いものはないはずですよね。いやらしいなんて感覚は一切なく、面白い、安心する、未知なものだからワクワクする、という感覚だと思うのです。

実際、皆さんが性に目覚めた頃を思い出してみてください。いやらしいとか考えず、好奇心でいっぱいだったと思うんです。ある学生は自慰行為を初めて知ったとき「自分は大発見をした！　こんなに気持ちがいいことを知っているのはきっと僕だけだ」と凄く誇らしかったと話してくれました。それを「いやらしい」「汚らわしい」と見なすのは、それを見た大人の思い込みではないでしょうか。ここで本当に大人としてするべきなのは、エチケットやマナーをきちんと伝え、そこがプライベートゾーン（人にむやみに触られたり、見せたりしてはいけないところ）であることをきちんと伝え、トラブルに巻き込まれないようにすることなのではないでしょうか？　実際、２００８年に行われたユネスコの研究によると、世界的に見ても子どもへの性教育を行った国々の調査で、そのプログラムの三分の一以上は「初めての性交を遅らせた」という結果を示し「性交を早めた」という結果は一つも出なかったのです（『国際セクシュアリティ教育ガイダンス』明石書店）。

そして、もう一つ、私たちが自慰行為に関して偏見を持っている理由は、大人になった今でも、自分自身の自慰行為自体についてなんだか汚らわしくて受け容れられないという女性が多いからです。

セルフケアとしてのセルフプレジャー

「自慰」という言葉に、あまりに悪いイメージがつきまとうので、最近では「セルフプレジャー」という呼び方もあります。私自身もセルフプレジャーに関して、最初は抵抗がありました。

しかし、ある本がきっかけで、前向きになることができました。大人の女性向けの性教育の本に「セルフプレジャーのすすめ」という項目があって、その挿絵のイラストがとても印象的だったのです。どこにでもいる元気そうな女性の顔のイラストに「今日のフィニッシュはよかったな！」という吹きだしが描かれていました。それが、まるで「ランニングでいい汗かきました！」くらいの気軽さと爽快感にあふれていたので、なるほど、そういう感じでいいのかと、妙に納得した覚えがあります。この節では、皆さんの背中を押すために、セルフプレジャーのメリットをお伝えしようと思います。

セルフプレジャーをすることでよかった点は3つ。まず、血行がよくなります（笑）。オーガズム（性的絶頂）に達すると、子宮に一気に血液が集中し、血の巡りがよくなります。私の場合は、ちょっとした頭痛や肩こりは治ります（これは個人差があると思います）。もう一つはリフレッシュや切り替えができる。何かモヤモヤするなーというときの気持ちのスイッチの切り替えには、ちょうどいいと思います。

最後に、これが一番大事なポイントです。自分の勘所が分かったことで、セックスの満足度が高くなること。本来、自分でこれが分かっていないと相手に探してもらわなければいけない上に「そこじゃないんだよな、それも違うんだよな、でも正直自分でもよく分からないんだよな」と、行為そのものが自分にとっても相手にとっても非常に面倒になってしまい、お互いに不幸です。これが解消され、毎回一定レベルの満足度がキープできるようになりました。

また、長い年月を生きていく中で、セックスではない方法で、性的な満足感を得られるということはとても大切なことだと思います。なぜなら常にパートナーがいるとは限らないし、パートナーがいるからといって、いつでもセックスの同意を得られるわけではないからです。自分に生じてしまった性欲をなかったことにするのはできませんが、行動はコントロールできます。誰にも迷惑をかけずその欲求を満たすことは、自分を慈しむためにも、誰かを大切にするためにも大事な行為です。そしてその大切さが自分で認識できると、もちろんパートナーにとっても、大人なら誰しも、いや、人間なら誰にとっても、自分を大切にするための重要な行為であると認識できるわけです。

それは引いては子どもの性的な人権も尊重できることにつながりますので、もし今、母となって、自分の性的部分にすっかり蓋をしてしまっているという方は、今日は絶対に自分しかいないという日をねらって、少しその扉を叩いてみるのはどうでしょうか？

道具や、ＡＶ（今は女性向けのソフトなものも充実しています）、マンガでもなんでも、あなたの気になるところから始めてみてくださいね。自分の性的欲求をきちんと受け止め、誰にも迷惑をかけずにそれを満たすことができれば、人生の充実度が確実に変わってくると思います。

セックスしたい気持ちの芽生え

あなたはどんなときにセックスしたいと思いますか？　どういうときに気持ちいいと思いますか？　そもそも私たち人間は、なぜセックスをしたいと思うのでしょうか。

その理由は、なんと胎児の頃にさかのぼります。胎児は、母親の子宮内の羊水の中にぷかぷかと浮いています。羊水の温度は39度くらいのぬるま湯のような温度なのですが、そこから、出産の日に突然、25度くらいの室温の分娩室に丸裸で産み落とされるわけです。赤ちゃんは「オギャー！」と泣いて出てきますが、「寒いー！」という悲鳴も含まれているに違いありません。その後、助産師さんや、親の温かい腕に抱かれて初めて全身で安心感や愛情を得るんです。このように、人は肌の触れ合いに、本能的に安心感や信頼感を抱く生き物です。

女子大生に「どういうときに心地よいと感じる？」と聞いたら「真夏の暑い日に、クーラーをガンガンに効かせて素っ裸で毛布に包まるのが最高！」と表現した人がいて、なるほど！と思いました。

このように考えると、あなたの「セックスしたい」気持ちも、実はセックスで生理的な快感を得たい！　というよりも、「触れ合って安心感や愛情を得たい」という気持ちの方が強くはないでしょうか？

セックスで得られる快感を、あえて二つに分けるとしたら、一つはオーガズム（性的絶頂）で得られる生理的快感。そしてもう一つは、触れ合い、無防備に甘えることができる安心感といった心理的快感があると思います。セックスといったらオーガズムとすぐに考える人の方が多いかもしれませんが、単に生理的快感を得たいがためにセックスをするのだとしたら、セルフプレジャーの方が、よほど手っ取り早くオーガズムを得られます。逆にセックスだと、7割近くの女性が「いつもオーガズムを得られるわけではない」と答えています（『モア・リポートＮＯＷ』１９９０）。それでもなぜ、人は誰かとセックスをしたいと思うのか、それはやはり心理的快感を得たいからなのではないでしょうか。

性衝動の原点は、幼い頃親に抱かれ、無防備に甘えることができた安心感や幸福感を、大人になってもう一度求めるように、恋人に求めることに通じています。また、その恋人の甘えを、親が子どもにするように優しく受け止め、愛おしいと思うことにも通じているでしょう。セックスを求める気持ちは、わいせつなことどころか、極めて純粋な気持ちが発端であることが分かります。

性にどうしても抵抗や偏見があるという方は、自分の中にある「子どものように甘えたいという気持ち」を大人になった今、まずは自分自身で認めてあげることから始めてはどうでしょうか？　そしてパートナーとそれを分かち合い、慈しみ合うのがセックスであるという風に思えれば、自然と、セックスへの偏見と誤解が瓦解していくのではないでしょうか。

生理がツラい！　性病がコワい！　の処方箋

今更、生理の話なんて……と、お思いのあなた！　あなどることなかれ。学校で教わったような堅苦しい話はしません。私が生理の授業を散々し尽くした上で、それでもこれだけは知っておくといいというものを書きました。毎月来る生理への考え方が一変するので是非ご一読を。

まず最初におすすめしたいのは「かかりつけの産婦人科を持つ」ことです。産婦人科というと「出産のときにお世話になるところ」と思いがちですが、生理が始まったら、閉経までの40年近く、出産と産後の時期を除いた期間毎月生理がやってくるわけで、それがずっと安定した状態であるということは、ほとんどありません。

特に、忙しい現代人はこうした性周期は完全に無視したライフスタイルを強いられ、生理だろうが生活や仕事をこなしていかなければいけません。生理中はもちろん、PMS（月経前症候群）などで悩んでいる女性は大変多く、出産をしたワーキングマザーたちからも「子どもを理不尽に怒鳴ってしまうのは、生理前が多い」「生理中は仕事に行くだけで精一杯で、家に帰って突っ伏して寝てしまいたい気持ちを抑えて、子どもたちの夕飯を作らなければいけないのが本当につらい」といった悩みもよく聞きます。

しかし、生理の仕組みを知ること、自分の体調を観察し対策を取ることで、生理と仲良く付き合っていく方法がいくつもあるのです。「しょうがない」とあきらめる前に、自分で取れる対策や、仲良しの産婦人科の先生に何でも相談できる態勢を作ってみるといいと思います。私のワーキングマザーの友人でも「生理がしんどいのは、もうしょうがないとあきらめていたけれど、アドバイスの通り、おすすめの婦人科に行ってみたら、ピルで劇的に症状が改善した」というケースも少なくありません。

産婦人科に関しては、婦人科やウィメンズクリニックといった出産以外の女性のケアを専門としているところも多くあります。病院の雰囲気や、先生のポリシーなどがＷＥＢなどでも分かりますし、何より口コミは大事です。

女子大で担当していた授業では、いい産婦人科の情報や、ここはよくなかったなど、授業の感想にプラスしてその都度書いてもらってはみんなとシェアするようにしていました。こうした環境がなくとも、アンテナを立てていれば必ず情報は入ってくる時代です。

一度行ってよくなかったからとあきらめてはもったいないです。いい医者との出会いは一生の財産となると思いますので、あきらめず探してみてくださいね。

生理スタート日だけは絶対チェック

生理については、まずは自分の性周期（生理開始から次の生理が始まるまでの月経サイクル）をよく知ることから始めましょう。

性周期というとなんだか面倒な雰囲気ですが、とにかく、まずは生理スタート日だけでOKです。これを知っておくだけで、次の生理が予測できるようになりますし、なにより万が一妊娠したときには、最後にあった生理スタート日が妊娠0日目になるのです（セックスをした日や、受精卵が着床した日とかではないですよ！）。これは産婦人科でも必ず聞かれる項目で、むしろこれがないとお話にならないという類（たぐい）のものです。

場合によってはあなたの人生を左右する可能性もありますので、だまされたと思ってまずは生理開始日をチェックしてください。生理開始日は、鮮血が出た日が目安です。

最近は、便利なアプリもあります。私は「ルナノート」というアプリを使っていますが、生理開始日・終了日・経血量の多い少ないなどを簡単に記入でき、それらから、次の生理や排卵日を予測して通知してくれますので、自分の生理のサポーターとして、とっても役に立っています。必要最低限のメモで、自分の身体のデータを蓄積できるので、安心感はもちろん、客観的に自分の身体を分析できる面白さもあります。

アプリも面倒くさいという方は、無理なく続けられるものなら何でもいいです。私も相当な面倒くさがりなので、生理開始日を手帳やトイレに貼ってあるカレンダーに記入するだけでもOKにしています。「ああ、この日から生理ね！」と、他人にバレにくいようなマーク（私は無表情な風船のマーク）を自分なりに考えてみるのもおすすめです。

知らないなんてもったいない！　ハッピーサイクル

性周期といってもピンとこない方もいらっしゃるかもしれません。私が高校の教師をしていたとき、ちょうど生理用品で有名な「ウィスパー」が女性の性周期を「ハッピーサイクル」と呼ぼうと提唱していました。20～30代の女性２００人に、心身の変化について、毎日日記形式で調査を行い、その結果を分析したところ、性周期のそれぞれの時期の特徴が浮かび上がってきたそうです。性周期はホルモンの分泌によって4つに分類できます。①月経期(生理中)→②卵胞期(生理後~排卵)→③黄体期前期(排卵後)→④黄体期後期(生理前)。こんな風に書くと、何が何やらさっぱりですよね。当然女子高生たちには何度言っても「よく分かんなーい」と言われてしまいます。

そこで「ウィスパー」がアンケートの結果もとに①リセット期(生理中)→②キラキラ期(生理後~排卵)→③ニュートラル期(排卵後)→④アンバランス期(生理前)と名づけたそうです。

①リセット期　いわゆる生理中です。妊娠準備のため肥厚した子宮内膜が剥がれ落ちて月経血として出てくる、子宮内の大掃除をしている時期です。生理が終わり次に来る「キラキラ期」を迎える「リセット期間」として捉えてほしいという意味も込めて「リセット期」と名づけられています。

②キラキラ期　生理が終わると、当然生理から解放されるわけですから、気持ちが明るくなりますよね。「やる気があり積極的」などの意見が多かったことから「キラキラ期」と呼びます。これは女子高生たちに伝えると一発で憶えてくれます、「うち、今キラキラ期!」

などと言い合ってくれて大変好評でした。

③ニュートラル期　キラキラ期は終わったけれどまだ生理前でもないという時期は「ニュートラル期」と呼んでいます。アンケートでは「あまり何も感じない」という意見が多いようです。

④アンバランス期　生理前の時期、「イライラする」「肌の調子が悪い」「食欲がわく」などの意見があり、心身の調子が下り坂になります。女性にとっては、実は一番ツライ時期かもしれません。私自身も、この時期にいつもニキビができていて、若い頃は何も分からず、ありとあらゆるニキビ薬を買ってもまったくよくならなくて、毎度イライラしていました。「にきびができるのはいつも生理前だ！」と分かってからは、生理が終われば落ち着くからと、イライラがかなり減少しました。症状は改善しなくても、原因が分かるだけで気持ちはラクになりますし、対策も考えられます。ちなみにこの時期に性欲が高まる女子も意外と多いようです。

もちろん、時期によっての心身の変化は個人差が大いにありますので、もし自分に合う考え方があれば、ぜひ取り入れてみてください。

生理の悩みを楽にする方法

またPMSや、生理痛がツラい、性周期が不規則、という人は前述のように産婦人科に是非行ってみてください。例えば産婦人科で処方してもらえる、ピルを服用することで性周期は安定します。その他の利点としては生理が軽くなり、それに伴い生理痛がなくなる、ニキビができにくくなる、多毛症の改善などが挙げられ、加えてもちろん避妊もできます（性感染症は防げません）。

ピルについて抵抗がある人はまだまだ多くいますが、現在のピルはかなりホルモン量が少ない低用量ピルになっているので、副作用もほとんどありません。この話を女子大の授業でずると、突然にピルを使用している学生たちから「ピルに出合って、本当に月経が楽になりました。このよさをみんなに伝えてほしい！」「高校生のときから生理不順で飲んでいますが本当に楽です」といった感想をもらうほど、よさを実感している人が多いです。

また先述しましたが、ワーキングマザーの間でも生理の悩みはよく聞かれます。「子どもを産んだから」といって生理の悩みから解放されるわけではありません。まずは私自身、子どもたちにやたらイライラして怒鳴ってしまうのはアンバランス期が多いです。また生理中も、やっとの思いで仕事を終わらせ、家に帰ると、どんなに生理でしんどくても、お腹が空いた子どもたちが待っています。

こんなときは無理せず、家族にも自分の身体の状態をある程度説明し、知ってもらうことが大切です。家族もむやみにイライラされるより、できないからよろしくと頼ってもらった方が、よほど気が楽ですし、男性や子どもに「生理のときの女性の実態」を知ってもらうのに、こんなにいい機会はありません。何かできあいのものですませて、おうちですぐにバタンキューもありだと思います。

ただ、何も策を講じないのではなく、やはり頼れる産婦人科で相談してみてください。漢方などで軽減することもできますし、経産婦には「ミレーナ」というピルとＩＵＤ（子宮内避妊用具）をドッキングさせたものがあります。過多月経の治療と避妊もできる優れもので５年有効ともいわれています。相談し自分に合ったものを見つけてみてください。

最後に、私たちが、生理と永く仲良く付き合っていく覚悟が必要な理由をお伝えします。現代人は昔の人と比べると生理の回数が激増しているそうです。昔の人は15歳くらいで初経、20歳前後で結婚をし、５〜６人、またはそれ以上の子どもを産んでいました。妊娠中は当然生理はありません。出産後も、授乳を長く続けていれば２〜３年生理が来ないこともあります。それゆえ、生涯の月経回数が少ない人では50回ほどだったそうです。現在、妊娠・出産をしなければおおよそ500回（約10倍！）もの生理が繰り返されるわけですから、当然子宮への負担が大きくなっていると考えられます。

ピルなどで生理を軽くすることは、こうした子宮への負担を軽くすることにもつながります。自分の体も、子宮も毎日、毎月本当によく頑張っていますから、生理のときくらいは、自分も子宮もお疲れ～といたわってほしいと思います。

性病は100％は防げないから

性病（性感染症）に罹った……というと、無防備にセックスしたのではないか？　こんな自分はふしだらなのではないかと、羞恥心や自己嫌悪から、なかなか病院に行かず、症状が重症化してしまうケースは多々見られます。

ですが、性感染症は、性器カンジダ症（性器に強いかゆみ）など、セックス以外で感染するものもあります。またコンドームをつけても100％は防げませんし、フェラチオなどのオーラルセックスでは感染を防ぐ道具は一般的に広まっていません。

つまり、性感染症はセックスの経験の有無は関係なく、基本的には誰にも防げないものなのです。それでも多くは、初期段階で産婦人科に行くことで簡単に治ってしまいます。そして重症化しやすいものはコンドームでかなり高い確率で予防することができます。なのでこれも生理同様、かかりつけの産婦人科を持つことで解決することができます。性病も、予期せぬ妊娠も、青天の霹靂のように起こることがほとんどです。そのときに慌てて病院検索して、信頼できるお医者さんと出会えず、つらい思いをしたというケースも多くあります。

私は、新しい土地に住むたびに、街で見かける看板などをチェックして、自分に合う産婦人科を探します。今ではパートナーシップのことまで気軽に相談にのってくれる女医さんもいます。皆さんもぜひ、余裕のあるときに、病院探しをしてみてください。何でも相談できるクリニックがあるという安心感は、あなたの女性としてのＱＯＬ（Quality of Life）をぐっと上げてくれるはずです。

B：やっぱり気になる年齢にまつわる性の問題

未妊という考え方

2007年、アジア性教育学術会議にスタッフとして参加したとき、「未妊」という考え方に出合いました。出産ジャーナリスト河合蘭さんの『未妊―「産む」と決められない』というテーマの発表に、当時30歳、教師として充実した日々を過ごしていた頃、何の気なしにふらりと参加しました。そこで聞いた「未妊」の人とは、「産まない女」「産んだ女」「産めない女」のいずれでもない、「産まない女」に見えるけれど、そうではない。将来子どもは欲しいけれど、今は自分の仕事や好きなことをしたいという人。そういう人が実は、産んでいない女の大多数を占めている、とのことでした。「近頃は産まない人が多いよね」なんてのんきに話すことはありましたが、その「産まない人」とはまさに私自身のことだったのです。

そしてこの未妊状態の人たちが、子どもを作るという決断を先延ばしにしているうちに不妊になるケースが多い。これにはあせりました。世の中には「高齢でも意外と産める」という風潮があったため、まさか自分が当事者だったとは……と頭が真っ白になりました。

それだけでなく、性教育者としてどうしても知っておいてほしいことが、河合蘭さんの著書には記されていました。単純に若い方が妊娠しやすいといったことだけではなく、どの年代でもメリット、デメリットはある、ということ。そして子どもを授かることはコントロールできないということ。それを知った上で自分にとっての最良な人生を選び取る、しなやかな力を持ってほしいという想いを込めて『未妊』（NHK出版）から抜粋する形でお伝えしていきます。

【20代の妊娠・出産・育児】

・非常に妊娠しやすい年齢で、身体的にはベストシーズン。
・20代前半での出産は3人に2人ができちゃった婚であり、経済的基盤ができていない可能性が高い。
・20代前半で産む女性たちの多くは専業主婦傾向で離婚も多いので、働く気がなくても、働かざるを得ない状況に追い込まれる人が多い。
・20代後半〜30代初めでは、離婚率は2割程度となり、安定的な結婚となる。
・妊娠力も比較的強く、避妊をやめると比較的早く妊娠することが多い。

・ここで出産しておくと、仕事に脂がのる30～40代の時期に子どもが大きくなっていて、残業にじっくり取り組めるなどの利点がある。

【30代の妊娠・出産・育児】

・30代の出産は東京都では6割を占め、新しい平均像といわれている。
・30代の後半に「卵子のターニングポイント」がある。特に37～38歳からは卵子の数の減少スピードが加速。数少ない卵胞の中で問題のおきやすい卵子も出てくる。
・体外受精で元気な子どもを抱ける人の率を見ても30代の10年間で4割から2割くらいに下がり半減。
・30代後半は前半に較べれば数字が変わってくる。ただ、何歳でも、子どもを育てよう、と思ったそのときがその人の産み時であり、周りの声に振り回されないように。生まれれば包容力のある「大人の子育て」が若い人以上に楽しめる。

【40代の妊娠・出産・育児】

・身体的な変化は30代よりさらに加速してしまうため、一番の問題はやはり妊娠できるかどうか。
・体外受精の成功率は40代半ばでほとんど可能性がなくなってしまう。妊娠経過にもリスクが沢山報告されており、出産方法も限定されがち。
・とはいえ、ほとんどの人が自然に産むことが可能で、都心部の大きな病院は高齢出産でごった返しているような状況。高齢出産での子どもは「ギフト」に他ならないため、子どもをとても大切に、愉しんで子育てをしていて、子どもがいることで気持ちが若返ったと実感している人も多くいるのが特徴。

人生も、妊娠も、出産も、育児もコントロールできない

〝科学が進み、バースコントロールの普及した現代において、子どもは「授かり物」から「作るもの」へと意識が変わった〟と河合さんは言います。

しかし私たちには寿命があるように、私たちの体には生まれたときからタイマーがセットされています。この部分は思い通りにコントロールすることはできません。

だからといって、とにかく早いうちに産んどいた方がいいよ、というのも、とても乱暴な話だと思います。出産・子育てはそんな甘いものではありません。どの時期にもメリット、

デメリットがあり、産みたいと思ったときに授かることができるかどうかも分かりません。ただそれくらいコントロールできないものであるという認識は持っておいてほしいのです。

話は飛びますが、少しこんな話をさせてください。LGBTの方たちは、自分がなりたくてそのセクシャリティ（性の在り方）で生きる、というより、自分がそのセクシャリティであることに「観念する」のだそうです。「観念」とは「あきらめて、状況を受け入れる」ということなのですが、元は仏教用語で「心理を会得し悟りを得る」という「覚悟」の意味から転じたものといわれています。

私たちは生きていく中で、すべて自分の思った通りにはいかない人生ということに気づいていくわけですが、そこで自分の人生の舵を取るのを手放すのではなく、自分の性や置かれた状況に「観念」しながら、ゆるやかに舵を取っていくようにすると、ふっと楽になっていくことがあろうかと思います。

変えられないことは何か、その上で、自分がチャレンジしたいものは何なのか、その都度、帳尻を合わせながら自分の意思を通していくのがいいと思うのです。子どもを持つことも、そもそも子ども自体も、コントロールできない存在です。それを踏まえた上で自分の産み時を意識しておいてください。

パートナーと一緒に乗り越えていく

妊娠も、出産も、育児も1人ではできません。シングルで産むという人もいると思いますが、シングルで産んでも1人で子育てしようなんて思わない方がベターだと思います。1人で子育てを抱え込まず、たくさんの人に協力してもらうのです。その方がその子にとって豊かな子育て環境が作れると思います。婚姻関係を結んだ1人のパートナーはいなくても、たくさんの人に助けてもらい、感謝するというコミュニケーションを目の当たりにして育つ子どもは、固定した夫婦間のみで育つ子どもよりも、たくさんの大人の多様な価値観に触れることができ、それは子どもにもよい影響を及ぼすはずです。

ちなみに、WHOの調査によると、不妊の原因はそれぞれ、41%は女性、24%が男性、24%が男女ともに、残りの11%は不明となっています。つまり半数は男性も関係しているということは、意外と知られていません。ですから、パートナーのいる人は、まずはパートナーとよく話し合うことが大事です。……というのは簡単ですが、まず、話し合いが、スムーズにうまくいくはずがないと思ってください。男女のペアであれば、産む人と産んでもらう人の違いがあるように、人間なら誰しもそれぞれの立場があります。男性の方が子どもを持つことに真剣度や当事者意識がないのは当たり前です。これはある不妊だったご夫婦の体験談ですが、夫と想いに温度差があり、妻は毎回生理が来るたびに落ち込む気持ちを理解してもらえないことにイライラしていましたが、夫に「そんなにイライラするくらいならやめればいい。あなたが笑って生きてくれていることの方が僕にとっては重要」と言われハッとしたことがあったそうです。

まずはすぐに問題を解決しようとせず、それぞれの問題を出し合っていく（紙に書いていく）、それを見える化するだけで、問題はかなり小さく感じられると思います。

そしてこの、夫婦で話し合う、というスタンスは、不妊治療のときも、出産後の育児にも必ず役に立ちます。同じ課題でも夫婦の立場はそれぞれに違い、それをお互いに出し合い、話し合って乗り越えていくことが夫婦の成熟につながっていくのです。これが苦にならなくなれば、どんな状況になろうとも、その都度2人の最良の選択をしていけることでしょう。たとえ子どもを持つことができなくても、最近では「特別養子縁組」をサポートするＮＰＯもあり、血縁にこだわらない幸せな家庭を作っている事例もたくさん出ています。そのときの自分たちに合った最良の選択ができればいいと思います。

C：更年期、もう一度人生の主役に返り咲く

更年期障害の原因と主な症状

子宮にも臓器としての寿命があり、だいたい50年といわれています。私は今40代なのですが、まさに私の子宮もラストスパート！ といったところなのでしょうか。しかしあと10年も生理があるのかと思うとうんざり感もあり、私も大変だったけど、子宮も毎月ほんっとお疲れだったね～と労いたい気持ちでいっぱいです。

ところで閉経は、1年以上生理がない状態とされており、その前後5年間ほどを「更年期」と言います。日本女性の閉経の平均は49・5歳ですが、かなり個人差があり、30代後半から50代後半と大きな幅があります。必ずではありませんが、それに伴う不快な症状として「ホットフラッシュ」と呼ばれるのぼせやほてり、発汗、冷え、頭が重い、動悸、息切れ、肩こり、腰痛など様々あり、検査をして異常が見つからない場合は更年期障害と診断されるそうです。実はこれらは自律神経失調症の症状と似通っているのですが、自律神経とホルモンの中枢が同じ視床下部にあることからと考えられます。

更年期になると、卵巣からの女性ホルモンの分泌が悪くなるので、いつも指令を出していた、ホルモンの中枢である視床下部と下垂体の働きに支障をきたすのです。女性ホルモンの一つ、エストロゲンの低下は、先述した「キラキラ期」にまつわるホルモンですので、それが低下すると、皮膚の老化、膣の潤いの低下、骨盤底筋の低下による尿もれ、骨粗鬆症などが起こります。

更年期はセックス再考期

生理がなくなると聞いて「ええー！　キラキラ期なくなっちゃうの？」と思う方もいらっしゃるかもしれませんが、同時にアンバランス期などもなくなるので、悪いことばかりではありません。何よりも妊娠しなくなるのですから、性においては改めて開花の時期！　と考えてもいいのではないでしょうか。もちろん、膣の潤いは低下するので性交痛も深刻ですが、ゼリーや膣座薬といった対策もあります。男性も勃起を持続させることが困難になってくるそうなので、挿入だけにとどまらない「性のふれあい」、つまり、お互いどうすることが本当に気持ちいいのか、セックスの意味を再考するチャンスにもなりうると思います。

ここからもう一度自分が主役の人生

こうしたホルモン変化による体調不良は、人によってはほとんどないこともありますし、数年で症状が治る人も多いです。またホルモン補充治療など様々な対処法がありますので、まずは産婦人科に相談してほしいのですが、この時期の女性に大きく影響する問題として、「介護」「子どもの自立」「夫の定年による夫婦関係の悪化」「蓄積した身体疲労」「生き甲斐のなさ」「運動不足による筋力低下」などが挙げられます。

仮に閉経を50歳とし、日本の女性の平均寿命から考えると、それから先、約30年近く、今の自分の心と体で生きていくことになります。当然、体は老化しているので、今まで通りは通用しません。この時期に出て来る心身の変化は、今後の人生を生き抜くためのターニングポイントと考えてほしいのです。

体に生じている症状はこれまでの無理の蓄積による、体からの悲鳴かもしれません。体の声にじっくり耳を傾け、いたわってあげること、そして、この体と今後どうやって付き合っていくか、「もっと旅行に行きたい」「山登りに挑戦したい」などの意欲があれば、手軽なスポーツから始めて、新たな体づくりをしていくのもいいでしょう。筋力は何歳になってもトレーニングでつけていくことができます。あの長寿で有名だった「きんさん、ぎんさん」もプロのトレーナーによるトレーニングは100歳になってからも欠かさず続けていたそうです。元気に生きていくにはまずは体から。

体はきちんと手入れをしてあげれば、とても素直に反応してくれます。産後ケア教室でもバランスボールエクササイズによって体幹部の筋肉を鍛え、快適な体を取り戻した産後女性たちは、口をそろえて「筋肉は裏切らない！」と言います。また、女性は子育ての忙しさから、スポーツをしなくなる人が多いですので、更年期にガクッと来ないように、細々とでもスポーツの趣味を続けていくことが重要だと思います。

また、子どもが自立し、夫が定年し……ということから、これまで家族のサポートに回ることが多かった方が、もうサポートが必要ではなくなってくる時期なので、生き甲斐を見失うことも多くあるようです。しかしこれを転機と考え、改めて「自分が主役の人生」を生きる愉しみを見つけてください。多くの女性は「我慢」を強いられてきたと考えられますので、少しわがままかなというくらいで十分だと思います。

私は産後ケアの専門家ですが、産後と更年期は共通点がたくさんあると感じています。産後であれば、妊娠・出産でボロボロな身体をまずは有酸素運動で立て直すこと。更年期ではホルモン低下と、老化により衰えた体を立て直すことが第一でしょう。有酸素運動はうつ予防の効果もあります。運動をしているときは、体のこの部分を動かそう、と集中力が必要になります。そのときに普段悩んでいるような余計なことを考えている余裕もなくなります。

運動を終え、集中が緩むと同時に、体も心地のよい疲労から、すーっと自律神経はリラックスを司る副交感神経が優位となり、質のいい睡眠も取りやすくなります。どうしても現代人は脳だけ興奮状態で、体を動かすこととのバランスが悪くなっており、睡眠不足などを引き起こすなどの症状も見受けられます。運動で体を立て直すことは心の元気を取り戻すことにも確実につながります。朝起きて、体が楽だと、その日一日気持ち良く過ごせそうですよね。

そして、体が整ってきたら少し夫婦関係にも着手してみましょう。ここも産後と共通項目なので、産後の節を参照していただきたいと思いますが、まず、できないこと、やりたくないことに「NO」を言う。今まで我慢してきたことに、片っ端から「NO」というサインを出す。そして「NOを言う自分」「何かを嫌だな、と思う自分」にはいつでも「OK」を出してあげるようにしてください。私たちは、誰かにダメ出しをされる前に、勝手に自分に「NO」を強いていることが意外と多いのです。それは母だからと自分以外のものを優先してきたに他なりません。この時期に自分自身に「OK」が出せるようになると、それだけでもかなり心に余裕が持てるようになります。

そんな余裕があるときはパートナーの意見を聞いてあげてください。そしてだからこうしよう！　とすぐに結論は出さず、私はこう思う、あなたはそう思うんだね、と認めるだけでいいです。そんな会話を続けていくうちに、おそらく今までとは違った関係性が見えてくると思います。

人生の終盤戦こそ、悔いなく「私、もういいよね?」と開き直って、人に甘えたり気ままに楽しむ人生を取り戻してください。

Ｄ：母になった私たちのセックス

夫を心から愛しているか？

私は、産後セルフケアインストラクターとして、マドレボニータの産後ケア教室でこれまで１０００人を超える産後女性と接してきました。産後ケアプログラムでは体を整えるためのエクササイズの他に、人生が激変する産後に、今一度、母となった自分の「人生・仕事・パートナーシップ」について、みんなで話す「シェアリング」という時間があります。人生も、仕事も、パートナーシップもその人にとってかなりコアな部分になりますので、運動の後の開放感も手伝って、かなり込み入った話になります。すると、「実は、産後、夫のことが全く受け入れられない」といった話がかなりの確率で出てきます。

こうしたセックスの問題はやたら「相性」や「どうにもならない問題」として捉えられ、ときに「離婚の原因」としても上位に挙がってきます。しかし産後の性についても、そもそもの夫との関係性に問題があったり、セックスをする「環境」が子育てをしながらの産後では、身体的にも、時間的にも整えられていなかったりといったケースがほとんどなのです。

このねじれを解決することはできないのでしょうか？

マドレボニータが内閣府の社会的インパクト評価の実施団体として、すでに復職した産後女性を対象に行った２０１５年の調査では、産後ケアを受講した人と、しなかった人を比べ最も大きな差が出たのは「夫婦関係」であり、「夫を本当に愛していると実感した」という人が、受講している人では58・8％、受講していない人では19・2％という結果が出ました。

つまり、産後、エクササイズにより体力を取り戻し、シェアリングをしながら、自分の心と向き合うというプロセスを踏むことで、かなり高い率で「夫を愛する気持ち」が取り戻せるのだということになります。

結婚や出産に踏み切った理由は様々あると思いますが、人生のパートナーを、愛し、愛され続けることができるかどうか。それはあなたにとっての人生が幸せだったかどうかを左右する、大きな問題であると思うのです。できれば、「夫婦の第一関門」といわれる産後に、マドレボニータの産後ケアプログラムを受けてほしいと思います。ただ、すべての産後女性にはまだまだ普及できていないのが現状ですので、本項では、子育てをする夫婦が性愛を大切にするために必要な、小手先のテクニックではなく、質実剛健な方法をお伝えしていきたいと思います。

正直、セックスどころじゃない産後

産後女性の体の、胸や性器といった、いわゆる性感帯の部分は、本当に傷だらけの状態です。心と体の環境という面では、産後1か月は養生した方がよいといわれていますが、実際は慣れない赤ちゃんの世話で養生どころではありません。母乳も、女性なら誰でも出てくると思ったら大間違いで、最初は出が良くなかったり、赤ちゃんに吸われるたびに、乳首に激痛が走ったりする人もいます。生まれたばかりの赤ちゃんは、胃腸がまだ発達していないため、たいした量が飲めず、夜中でも頻繁に授乳をする必要があります。出産で体力を消耗したまま、眠れない日々が始まるのです。

また、どのように乳首をくわえさせるか、赤ちゃんは最初から上手にくわえられるわけではないので、3キロ程度の赤ちゃんを常に抱っこしながら無理な姿勢をとることになります。肩こり、腰痛は並大抵ではありません。さらに、出産ではほとんどの女性が「会陰切開」といって、出産時に膣口が裂傷するのを予防するため、先に切開しておいて、赤ちゃんの出口を広げる処置をしています。この傷口が座るたびに痛む人もいます。

それに産後の養生のため、ほぼ1か月間、家から外に出られない、人とも交流しないという状態が続けば、産後女性でなくとも精神的に健全でいることすら困難な状態になるでしょう。現代は、昔のように大家族に囲まれ、多くの人の手を借りて子育て、というのができません。また、近年の産後うつの発症の多さ、0歳児の虐待死が最も多いことから見ても、今の女性にとって「産後をサバイブできるか」が大きな問題であることは明らかです。

つまり、産後に夫を受け入れられないのは、好きとか嫌いといった性愛の話ではなく、「身体が傷だらけで、寝てなくて、社会ともつながりが断絶されて、生きているのもヤバい状況」だからです。

産後女性はハタから見ると、よく昼寝してるし、ご飯もお菓子もガツガツ食べてるし、攻撃的だし、元気じゃん？　と思われるかもしれませんが、まとまった睡眠が取れないからいつも眠いし、授乳で栄養分がかなり吸い取られているので、お腹は空くし、でもコミュニケーション不足でホルモン状態も不安定で、イライラしやすく、それを理路整然と説明できるような冷静な状態ではありません。なにより、女性だってこんなに大変だってことを、産んで初めて思い知るので、自分の中で何が起こっているのかも分からず、いつもパニックのような状態です。そんな状態で、やっとゆっくり睡眠をとろうとした矢先に、夫が自分にセックスを求めるとするならば、もはや「敵の襲来」としか思えないでしょう。

そこで、産後のセックスに悩む女性には「産後に夫を受け入れられなくて当たり前、ここまでサバイブできただけで十分素晴らしいことだから、まずは自分の身体と心のケアをしてくださいね。産後2か月を過ぎたら、しっかり身体のケアをして、外に出て、みんなで話してリフレッシュしてください。お茶したり、買い物したりして、これまで頑張ってきた自分を、十分に甘やかしてあげてください。少しずつ体力がついてくるまで、夫と無理にコミュニケーションを取る必要はありません。それより寝た方がいいです」とお伝えすることにしています。というのも、体力と気持ちにちょっと余裕が出てきたなと思った頃には、〃夫に優しくしてあげたいという気持ちが勝手に湧いてきた〃という人がほとんどだからです。

「産んだら幸せになれる」というイメージを強力に刷り込まれた私たちにはSNSの幸せそうな赤ちゃんとの暮らしの投稿や、ママタレントのウソで塗り固められた幸せブログからは想像もつかない現実があるのです。

女性にはそもそも性欲があるのか?

「女性にはそもそも性欲があるのか?」これは、夫婦のための性教育講座を開催したときに男性から最も多かった質問として挙げられたものです。男性の言い分としては「乗り気ではない妻と無理やりセックスしたいとは思わないが、もし、性欲がある! というときがあるのならば、それがどういうときなのか、是非教えてほしい（切実）ということでした。

妻一同は考え込んでしまいました。おそらく、ご自身でも、自分の性欲がどこに行ってしまったのか見当もつかないのです。授乳中は「オキシトシン」というホルモンが出ており、夫よりもふわふわで、いいにおいのする赤ちゃんと接することで、タッチングの欲求は満たされていることが多いです。ただ、これは性欲が見えなくなった原因の一端かもしれませんが、私は、原因はそれだけではないと思っています。

まず一つ目には「母」という責任の重さに「女性としての自分」が追いやられているということが考えられます。日本では、母になると自分よりも、赤ちゃんを優先することが、自分はもちろん、周囲からも必然とされます。特に産後間もない女性たちは、その重圧に押しつぶされそうになっています。自分の母から「女」を感じることなどまるでなかったように、「よき母」と「性」は対極にあるものなので、性欲の蓋は無意識のうちに心の奥底に閉じ込められていると考えられます。

もう一つ、決定的なのは時間のなさです。子育てに追われる母たちは1分1秒と息つく暇なく、子どもを寝かしつけた後も、明日のためにやっておきたい家事があったり、あわよくば、自分がゆっくりする時間を持ちたいと思っています。しかし多くの母たちは子どもと共に「寝落ち」してしまいます。つまり母たちには「自分時間」がほぼなく「母としての時間」しかないわけで、母を忘れて自分一人でホッとする時間もないのに、性欲を取り戻せるかというと、かなり無理な話なのではないかと思います。

ですので、母となった妻に性欲を取り戻してほしいのであれば、「母時間」を減らし、「自分時間」を確保してもらうことが、一番の近道です。講座では、男性には「例えば、休日に、夕飯作り、子どもが食べるサポート、後片付け、風呂入れ、寝かしつけまでしてくれたなら、そんな気にならないこともないのでは」とお伝えしたところ「ケーキを買ってくるとか、花束を突然プレゼントするとか、そういうのではないのですね」とかなり驚かれていたので、「ケーキや花束より、明日の牛乳が切れてないか、とかを確認した方が、ポイントが高いと思いますよ」とお伝えしておきました。まあ、そこまでして、夫が睡魔に襲われることなく、性欲を維持できればの話ですが……。

セックスレスは問題ではない、けれども……

産後のリアルを改めて確認したところで、産後のセックスレスは、致し方ない部分もあることが明らかになったと思います。では子育て中のセックスレスとはそもそも問題なのでしょうか？　結論から言うと、大きな問題ではないと言っていいと思います。

セックスレスには様々な原因が考えられますが、直接的かつ現実的に一番大きいものとしては「長時間労働」があげられます。ＯＥＣＤの２０１２年の調査によると、日本の労働者の年間労働時間は、平均１７４５時間。これに対して、オランダ１３８４時間、ノルウェー１４１８時間、デンマークは１４３０時間で、日本よりも約２７０～３６０時間も短いです。

つまり、日本では夫が深夜まで外で働いている、ということは妻はその間、たった１人で家事、育児をこなし、お互いに疲弊しきっている状態です。むしろ、それでセックスも常に行っているとすると、もはやサイボーグか！　という世界なので、セックスレスはある程度必然であると考えられます。

北欧などではワークシェアが進み、定時退社が一般的で、夫婦２人で、子どもを迎えに行き、夕飯の準備をし、家族でそろって会話をしながらご飯を食べ、子どもが寝た後に夫婦で語らう時間もあるそうです。そういう時間や精神的なゆとりがあってはじめて、お父さんとお母さんではなく、夫婦としてロマンチックな雰囲気も生まれるのではないでしょうか？

セックスを大事にしたければ２人の暮らし（ライフ）が大切にできているかを見直す必要があります。とはいえ、そんな理想を語ったところで現実は何も変わらないので、現状でできる対策を考えていきたいと思います。

セックスレスはリスニングレスでもある

「セックスレスの夫婦はリスニングレスでもある」といわれています。業務連絡でもなく、子どもの話でもなく、話し合うでもなく「お互いの話を聞く」というスタンスが大切です。そんなに改まらなくてもいいのでテレビを見ながらでもいいです。「聞きあう」という行為は「相手に興味を持っている」ということを示す行為でもありますし、聞いてもらえるだけで「承認欲求」がかなり満たされます。いきなりセックス、ではなくてまずはリスニングからがいいのではないでしょうか。

「いまさら会話なんて！」という方もいらっしゃるかもしれません。そんな方は、週1回でも、月1回でも、子どもが寝た後の夫婦2人の時間を作ってみましょう。夫が毎日早く帰ることはできなくても、週1回であれば確保できなくもないと思います。それがダメなら夫婦で年に1回の忘年会など、イベントを作るのもオススメです。2人の時間は年に1回かもしれないけれど、「忘年会はどこでやろう、何を話そう」と、それぞれが相手を想いながら考える時間も、夫婦にとっていい影響を及ぼすでしょう。とにかく、2人の時間がない……という状況から脱する方法を模索しましょう。おすすめはドライブです。チャイルドシートは後部座席にセットし、夫婦どちらかが助手席に座るようにします。面と向かって話すと、沈黙が続くと気まずいですが、運転しながらであれば気兼ねなく目も合わせなくていいため、意外と本音で話せるものです。

挿入よりタッチングを

「挿入」はダメでも、タッチングはしてほしいという人は多いと思います。手をつなぐ、マッサージをし合う、頭をなでてもらう、ギュッと抱いてもらうなど、子どものときに、親からされてうれしかったことをし合うことで癒やし合えることもあるのではないでしょうか。

私たちは大人になったからといって、また親になったからといって、もう誰にも甘えなくても大丈夫！　となるかというと、そうではないと思います。むしろ、大人になったからこそ、親になったからこそ、甘える場を確保してほしいのです。それが家庭以外にあるとしたらいろいろと問題が出てきてしまいます。

私は、男性は社会において、大人であること（稼いで当たりまえ）を求められすぎているし、女性は家庭において、大人であること（母として夫や子のケアをすること）を求められすぎていると思います。お互いにしんどい状況の中で、重い鎧の脱ぎ方を忘れてしまってい て、お互いの鎧の重さを較べては、いがみ合っているように見えます。どちらかが先に鎧を 脱がないと、「ここで（家庭で）鎧は必要ないのだ」ということにお互いに気づけぬまま、 自分では支えきれないほどの鎧で身を固めることになり、脱ぐまでに相当の時間を要するこ とになります。

私は女性が鎧を脱ぐ方が早いと思っています。あとで説明しますが、男性の鎧の方が一見 ご立派に見えるので、男性はそれを簡単に脱ごうとしないからです。そして、女性から甘え た方が可愛げがあるからです。女性も歳を重ねれば重ねるほど、人に甘えにくくなりますが、 いくつになっても可愛い女性というのは、見栄えに関係なく、自覚的に、相手に花を持たせ るかのように、甘えることができる人だと思います。逆に、甘えられない人は、無自覚に人 に甘えていることが多いです。

もちろん男性にも同じことが言えますが、まずは女性がもっと家庭で「大人であること」 を放棄すること、例えば、子どもに対して「ごめんね。お母さん今日はちょっといろいろ無 理」と言ってもいいですし、その延長上で夫に「今日はもう疲れたから何もしないね。そし てギュッとしてもらってもいい？」と言ってもいいと思います。子どもに対して「お母さん、あなたのためにこんなにしてあげているのに」とか、夫に対して「私は疲れていたけど、こんなに頑張った」と言うよりも、よっぽど、相手は笑顔になるのではないでしょうか。

性のことだけ、夫婦でなかったことにしない

セックスレスは、お互い合意の上でなら問題ではありませんが、どちらかがものすごく我慢をしているとすれば、問題です。これは何もセックスの話だからということではなく、例えばお金や将来設計のことでも、夫婦においてどちらかがものすごく我慢していることがあるとすれば、それを無視したり、なかったことにすることは、当然問題ですよね。しかし例えば、いつかマイホームを買いたいという夫婦の目標があってそのために、お互い合意の上で、今は狭いアパートで我慢ということは十分に可能ではないでしょうか。

私たちは性欲に関しては、どうにもならないものだからと思い込んで、互いに意に沿わない形なのに、コミュニケーションを取らずにやりすごすことが多すぎると思います。我慢させているとしたら、「今こういう状況で、そんな気持ちになれなくて、ごめんね」と一言言うだけでも違うでしょう。

私自身も、産後にどうしてもセックスを受け入れられない時期がありました。その上、性

教育者でありながら、こういった話を夫婦でストレートにすることに抵抗がありました。何度か伝えようとしても、夫も照れがあったのか、ちゃかされたり……。真剣に向き合ってくれるまでに時間はかかりましたが、このまま、なかったこととしてやりすごすことは、自分の気持ちはもちろん、相手も大切にできないままになってしまう、と覚悟を決めました。

それからは、夫に何を言われても、「だって大事なことでしょ」の一点張りで、少しずつ話せるようになりました。相手の意には添えないことを伝えることは、最初はしんどかったですが、一度伝えられると、それが、今日は自分の気持ちを守ることができた、という小さな自信につながり、自分に余裕ができると、もっと相手の気持ちに寄り添うにはどうしたらよいかと考えられるようになってきました。すると「今なぜ応えられないか」だけでなく「どのような状態だったら応えられるか」という話もできるようになっていったのです。そうなるとお互いに話すことでプラスの空気を作っていけるという成功体験を共有でき、今では何のためらいもなく、というより、むしろ好んでお互いに性の話ができるようになりました。

夫婦関係において、それぞれの希望が完璧に通るなんていうことはなかなかないですし、それが完全に通っているとしたら、どちらかに無理が生じていないか確認する必要があります。お互いの希望が通らないとしても、それぞれの状況を確認しあって、「今は無理だけど、いつなら……」とか、「今、この程度なら大丈夫」といった妥協案を出していくことで、十分に、その都度の希望を叶えることは可能です。

他のこととは違い、性に関して私たちは、「話すこと、聞くこと、考えること」をする経験が少ないため、ちょっとしたことで傷ついてしまうこともあるかもしれません。言い方には最大限の配慮をしつつ、失敗したら、誠意を持って謝りながら、自分の気持ちを伝えてください。また、私が行っている、性の個別カウンセリングでは、夫がセックスの要求に応えてくれないケースも多く見られました。そのような場合、夫に自分の気持ちを訴えても「女のクセになんでそんな性欲が強いんだ」と逆に傷つけられ「自分はおかしいのではないか」と悩まれていました。

そこで「夫婦において、セックスは重大な問題であり、女性であろうとなかろうと大事なものは大事、と貫き通すことが大切です。それよりも、性がどうこうではなく、私がこんなに大事と思っていることに対して、真剣に向き合ってくれないことが悲しい、と訴えてくださ い」とお伝えすると、「自分は女なのに性欲が強すぎるのではないかと、性欲がある自分を責め続けていたが、もう自分を責めなくてもいいのだと分かり、それだけでもだいぶ楽になりました。これからは周りを気にせず、夫と自分のペースを大事にしていきたい」といったご感想をいただいたことがたびたびありました。

夫婦とセックスの問題は、なかなか一筋縄ではいきませんが、その分、乗り越えられたとき、ちょっとクセになるくらいの感動を伴う強固な絆を作ることができます。大げさかもしれませんが、何があろうと夫婦2人で乗り越えることが、自分の生きる意義なのだ、と思えるのです。

一つポイントとしては、男性は性教育をほとんど受けてきていないため、女性よりもよっぽど性に対する偏見が大きいということを踏まえて、少し時間がかかることと捉えておくといいでしょう。

男の子の悲劇

最後に、私の男性観に変化をもたらしてくれたエピソードをお伝えします。

突然ですが、小学生の男の子が、クラスで一番の人気者になるためにはどうしたらよいでしょうか？　皆さんも心当たりがあるかもしれません。かけっこが一番速ければ、それだけでクラスの男の子カーストの頂点に立てるのです。顔がかっこよくても、勉強ができても、足が遅ければ、カーストの最下層となってしまいます。

最下層の男の子たちは、女子から「男のクセにマジでキモいんだけど……」といったあられもない罵声を浴びせられても、「別に、男だからって、足が遅くてもいいじゃないか！」と言い返すことは、決してありません。最下層同士で「女子って……怖いよなぁ」と慰め合うだけなのです。もし女子であれば「女のクセに……」と言われても「いいじゃん！　女だって〇〇したって！」と声高に言い返せるのですが、男子が言い返せないのはなぜか？

女の子が「女らしくしなさい」と言われるときはたいてい、批判や注意をされるときです。そういった否定的な意見に対し、女子は、何かがおかしい……と、反論できる時代になってきました。しかし男の子の場合「男らしいね」と言われるときは、「賞賛」とセットで言われることが多いのです。

小さい頃であれば、転んでしまっても、泣き出さずに我慢できれば「えらいね！　さすが男の子」と褒められ、多少やんちゃでも「まぁ、男の子なんだからいいじゃない」と大目に見てもらえることも多いのではないでしょうか。男の子はそういった環境で成長していく中で、自分の男らしくない部分にも気づいていきます。強くて、たくましくて、かっこよくて、スポーツ万能で、リーダーシップがあって……なんていう、100%男らしい人などいるわけがないので、当然なのですが、いつも「男らしい自分」を肯定され、褒められてきたために、そうありたい、そうあらねばならない、と、「自分の男らしくない部分」については、本来あるべき姿ではないという想いが強くあるのです。

そうして大人になったのが、例えばあなたの夫です。大人になった男性には、社会や周囲から「男たるもの稼いで当たり前。家族を養って当たり前。プラス、いまどきはイクメンブームだから家事育児もやってね」というプレッシャーがかけられています。これがさきほど触れた「男性の鎧」です。それに対して男性は「男だからって、別に稼がなくてもいいじゃないか!」とは言えないのです。言えるとしたら「(こんなにしんどいのに)稼いでやってるんだから文句を言うな! 女も男並みに働いてから言え!」となるのではないでしょうか。

このあたりの、実は男性すら自覚していない、「稼いで、養って当たり前」以外の選択肢がない悲劇は、「男女平等」を根本的に進められない理由なのではないでしょうか。講演などでこの話をすると「少し話は違うかもしれませんが、私は、夫が肩幅が狭いことをいつも笑いのネタにしていましたが、確かに夫は言い返すことなく、一緒になんとなく笑ってごまかしているようでした。私は夫から少しでも容姿のことを言われたらぶちきれていたので、帰って優しくしてあげようと思います」というご感想があったりします。現代はまだ、男性差別が無自覚に行われている状態なのです。

もちろん男性は社会の中で、相当、既得権益があるため、女性がまだまだ生きづらい時代ではあります。ただ、当の男性が自分のしんどさに気づいてくれないと、いくら女性が不満を言ったところで世の中は何も変わりません。私自身、この考え方を学んだことがきっかけで絶えず行われていた夫との言い争いが、少しずつ変化していき、どんどん減っていきました。世の中が一気に変わるのを待っているよりも、あなたが先に変わって幸せになる方が簡単で、早いです。これは産後ケア教室で何人もの悩める産後女性と接してきて、女性が気づき、夫婦をリードしていくことで、劇的な変化が起こった夫婦を何度も目の当たりにしてきた私の結論です。

母となった女性は、子をよりどころとし、「子育てに全精力をつぎ込むことこそ、母として最も素晴らしいあり方」という幻想が、依然として日本に根深く残っているため、そうすることへの罪悪感は一切ありませんし、夫もむしろそれは推奨すべきだと考えていることが多いでしょう。しかし、子どもは巣立っていくものです。巣立った後、夫と2人の生活が待っています。そこまで見据えておかないと、子どもが自立しようとしているのに、「それは困る」とばかりに、妨害する「毒親」となってしまいます。

そのためには、まずはあなたが、母という役割に囚われることなく、自分の人生を生きること。自分の人生とは「性」も含めたセクシュアルライフの主人公となることが大切です。女性が絶対！　ではなく、性も大事に、くらいの心がけで十分です。本書には大人の女性がセクシュアルライフを大切にするための方法を詰め込みましたので、面白がりながら、必要な部分だけ取り入れていただけたらと思います。

これだけ性の多様なあり方が叫ばれる時代で、最もメジャーであるはずの夫婦関係が、あまりにも旧態依然としていて、魅力どころか、人生の墓場のような扱いになっています。ただ、まだまだ夫婦は捨てたものではない、というか、捨てられなかった自分でも幸せになれたので、同じようにつらい思いをしている方に届いたら幸いです。

3 性の「誤解」と「呪い」から解き放たれるためのQ&A

本章では、18歳の男女から子育て中の20代女性、パートナーとのコミュニケーションに悩みつつも長時間労働に追われる30～40代の男女から50代の独身男性まで、世間で「大人」と考えられている年齢の男女が直面しがちな様々な性の悩みに対して「大人の性教育」の視点から、坂爪と藤見が回答いたします。

各相談者から寄せられた一つひとつの悩みの背景には、性にまつわる「誤解」と「呪い」が隠れています。性愛の領域においては、大人になっても解けない誤解、そして大人になったからこそ解けない呪いに満ちています。この二つから解き放たれるために、一つひとつのQ&Aを、ぜひあなた自身の過去・現在・未来に置き換えてお読み頂ければ幸いです。

初級編：基本的な知識不足に基づく悩み

おっぱいが小さくて悩んでいます。どうしたらおっぱいが大きくなりますか？（19歳・女性）

藤見：実はこの質問、女子大の講義で聞かれる回数が一番多いんですよ。

坂爪：胸の大きさに関する質問が第一位なのか……。これだけ性に関する情報が溢れており、個人の価値観も多様化したと言われている現代社会で、「胸の大きさ」という旧態依然とした価値基準に基づく質問が女子大の講義で最も多いとは驚きです。

性に関する情報量の多さと価値観の多様性は、実は反比例するのかもしれませんね。情報が多すぎて取捨選択できないため、大人と呼ばれる年齢になっても「胸の大きさ」などの分かりやすい価値基準に振り回されてしまう……という現実が垣間見えます。こうした質問に対して、藤見さんはどう答えるんですか？

藤見：まずどうして大きくなりたいのかを聞きます。「男の人は大きい方が好き」というのがだいたいの理由です。

坂爪：うーん、それって実体験に基づく学習というよりも、単なる思い込みのような気がします。男性も、女性の胸の大きさばかり気にしているわけではないですよ。

藤見：そもそも「おっぱいの大きい君が好き」「おっぱいが小さいから嫌いだ」なんていう男と付き合いたいですか？　きっとロクでもないですよね。おっぱいが好きであっても、本来それは好きな理由の一つにしかすぎないはずです。

坂爪：「巨乳」は、あくまでスペックの一部にすぎませんから。自分がそこだけで評価されて嬉しいのかどうか、考え直してみるといいかもしれません。男性の側も、女性から面と向かって「巨根だけは譲れません」と言われたら「俺の人格はどうでもいいのか」って思いますよね。もちろん胸を大きくしたい・見せたいという願望は女性であれば多かれ少なかれ誰にでもあるでしょうし、男性にも巨乳好きというフェチは当然あっていいと思いますが、それらを自己評価の基準や異性との関係を構築するときの判断基準にしてしまうと、ズレちゃうんじゃないかな。ちなみに、大きくする方法はありますか？

藤見：方法はありません！　肩甲骨を寄せて胸を張ることで、上向きにすることはできます。また、努力せずとも、産後には自然と2カップほど大きくなります。実は私も大きい方じゃなくて、コンプレックスに感じていた時期があったのですが、授乳で大きくなり、それなりに満足しました（笑）。授乳が終わるとしぼみますが、胸が大きいのも、太って見えたり、合わない服があったりいろいろ大変なんだと分かりました。

坂爪：俗説として「揉んだら大きくなる」ともいわれていますね。

藤見：血行なんかはよくなるかもしれませんね（笑）。男性の中には「俺が彼女のおっぱいを大きくした」と豪語する人がいますが、そんな方法があるなら、とっくにみんなやっています。男性の抱いている幻想だと思います。

坂爪：その通りですね。当然デマです。分かりやすい基準で自分や異性を評価せずにはいられない背景には、性に対する無知や不安、それらによって生じる焦りがある。男女双方が巨乳という呪いから解き放たれるためには、「男はみんなこうだから」「女はこうあるべきだ」といった思い込みを取り払って、目の前にいる生身の相手ときちんとコミュニケーションをとっていく勇気が必要ですね。

ぼくは性器が大きいのですが、だから性欲が強いのでしょうか（18歳・男性）

藤見：結論から言うと、性器の大きさと性欲はまったく関係ないです。

坂爪：そりゃそうでしょう。「性器が大きいと女性が満足しますか？」だったらまだ質問としては理解できるのですが……。「胸が大きい女の人はエロい」みたいな感覚なのでしょうか。先ほどの巨乳の問題も含めて、性の知識に関するデマは、見た目と中身を短絡的に結び付けることによって生じることが多いですよね。

藤見：「下半身の刺激だけが快感に結びついている」と思い込んでいるのかもしれません。性器が大きいと感じる面積が広いと考えているのかな。でも快感は脳で感じるものです。足と足の間ではなく、耳と耳の間で感じる。嫌いな人とセックスしても気持ちよくないですよね。

坂爪：強い刺激を与えれば気持ちよくなるわけでもない。

藤見：仮にこの質問者の性欲が強かったとしても、性器には関係ないです。もしかしたら、

「俺は性欲が強い」「大きいから気持ちがいい」という思い込みによって、彼自身の性欲がさらに増幅している可能性がありますね。

坂爪：先ほどのおっぱいの話とも共通するんですが、本来は人間の性欲ってかなり複雑なものだと思うんですよ。私たちの性的欲求は、身体的・心理的・社会的な要因が複雑に絡まり合って形作られている。でもその複雑さに耐えられない人たち、複雑さを理解するための教育を受ける機会のなかった人たちが、「巨乳」「巨根」のような単純な記号に飛びついてしまうんじゃないかな。

藤見：これはある講演会の後に、カップルが私のところにやってきて、その場で聞かれた質問です。今となっては確認しようがないけれど、もしかしたらあのカップルは性欲の差を感じていて、彼氏の性欲が強い理由を「性器の大きさ」に求めたのかもしれません。

坂爪：問題が他にあった可能性はありますね。パートナーとの関係性の問題である場合、胸や性器の大きさなどの「分かりやすい何か」のせいにしても、問題は何も解決しません。性愛の悩みを解決するためには、面倒でも「分かりにくい現実」と対峙することが大切です。

好きな女の子がいるのですが、壁ドンして告白したら効果的でしょうか（19歳・男性）

坂爪：ここで言う「壁ドン」とは、男性が女性を壁際に追い詰めて、片手を壁にドンと突きながら話しかける行為のことですよね。少し前に流行語にもなりました。

藤見：合意なしで無理やり女性に壁ドンをしたら、おそらく暴行罪や脅迫罪に問われますね。

坂爪：仮に女の子が壁ドン好きだったとしても、誰にされても嬉しいわけではないと。

藤見：相手の「合意」を得ることは本当に重要です。合意のないセックスはレイプになります。女性も、合意がないのにいきなり壁ドンされたら、「キャーこの人素敵」じゃなくて「こいつ、ヤバいぞ」って思ってほしいですね。

坂爪：ただ、合意の見極めって難しいですよね。大人の世界においても「今日はホテル行きますか？」と事前に口頭で確認をとらずに、雰囲気で確かめ合うこともあるじゃないですか。

藤見：うーん、「壁ドンしてもいいですか」「いいですよ」と言って、壁ドンする人はいないでしょうね。

坂爪：壁ドンはファンタジーなので、実際に付き合う段階になって、彼女から「してほしい」と頼まれてから思う存分したらいいんじゃないかな。

藤見：そうですね。そもそも壁ドンがいいと思う心理って、「自分も相手も両想いで、かつ、抑えきれない衝動で思わず壁ドンをしてしまう」という文脈込みだと思うんです。その文脈から切り離して、モテるテクニックとして壁ドンされても、ただ恐怖を覚えるだけでしょうね。

坂爪：親しい関係にある相手と、コミュニケーションのネタとして楽しむものですよね。ネタでしかないものを真剣に受け取って「告白に有効な手段だ」と思い込んでしまうと危ない。

藤見：ここで出てきたのは壁ドンという、もしかすると一部の人しか興味のないものかもしれません。

ただ、女性目線で見ると、こうした「記号」を女性がおおっぴらに言える時代になったんだなと感慨深いものがあります。とはいえ、「壁ドンしない男は嫌だ」となると、「巨乳はゆずれない」男性と言っていることは一緒で、「記号」で見ることの弊害ですよね。

坂爪：記号を記号としてきちんと認識しつつ、それをうまく活用して楽しむ、という作法が大人の性愛の世界には必要ですね。

AVよりも漫画が好きなのですが、それって変なのでしょうか（18歳・男性）

坂爪：性的満足を得るためにどんなメディアを選ぶのかは個人の自由なので、これじゃなきゃダメってことはないですよ。

藤見：そうですね。この前、『ふたりエッチ』（克・亜樹、白泉社）しか読まないと言っている男子学生に会ったのですが、偉い！　と思いましたね。AVでは嫌がる女性と無理やりセックスする様子が描かれたり、漫画でも「肉便器」なんてひどい表現があったりする。そんな中で『ふたりエッチ』を選ぶのは、まだまともな感性だと思います。

坂爪：『ふたりエッチ』は夫婦の話ですよね。

藤見：そうです。子どもが欲しいけどなかなかできないという大義名分的な設定で、夫婦でずっとセックスをしています。無理やりというのがなく、女の人が嬉しそうなことが多いので好感が持てます。ただすべて性教育的にOKというわけではないので、フィクションだと割り切って楽しんでほしいです。

坂爪：あくまで娯楽であって教科書ではないと思ってほしいですね。壁ドンのように「これが本物だ」と思い込むのは危険です。

藤見：特にＡＶの場合は、記号で判断することが助長されがちです。「巨乳」「熟女」「教師」となんでも記号でタグ付けされていますよね。今はボタン一つで、自分の好きな記号を見に行くことができる。最初はフィクションだと思って見ていても、１００回見たらやはり考え方に影響は出てくるのではないかと思います。

坂爪：性教育は記号に満ちたＡＶを「諸悪の根源」として叩きがちですが、記号を消費すること自体が悪いわけではなく、それ以外に性愛を学ぶ場がないことが問題だと思います。

　ここで意地悪な質問をするのですが、性教育が暗に主張している「記号ではない、本来あるべき快感」って、果たして本当に存在するのでしょうか？

藤見：映像がなかったら、肌ベースに戻るんじゃないんですか？　性の快感はタッチングから来ているので、親からぎゅっとされて「気持ちいい」と感じた延長にあるものだと私は考えています。今はあまりにも視覚が満たされすぎていますよね。

坂爪：「記号ではない、本来あるべき快感」が存在するかどうかは分かりませんが、視覚ベースの娯楽や商品が溢れている社会の中、大人の世界で肌ベースのコミュニケーションが不足しているのは事実だと思います。若い世代の間で「ソフレ」＝セックスはせずに、一緒に添い寝するだけの「添い寝フレンド」が増えているという現象をどう考えるかについて、週刊誌でコメントを求められたことがあります。実際にソフレのいる人が増えているかどうかはさておき、ソフレ的な関係が注目される背景には、肌ベースのコミュニケーションの不足に対するストレスが隠れているのかもしれませんね。

藤見：男の子は特に、思春期を過ぎると、親とも友達ともタッチングするという習慣が激減しますよね。もう少し気軽にタッチングを学べる文化があれば、「記号」からも解放されるんじゃないかな。ＡＶは過激で支配的、かつ安易な欲情を促すものも多いので、しっかりこだわりを持って選んで、「オレの性欲バカにするな！」くらいに考える賢い視聴者になってほしいです。

5歳の息子が自分の胸を触りたがります。夫は異常だから、やめさせた方がいいと言います（36歳・女性）

藤見：息子さんは異常ではないと思います。ですが、私だったらやめさせます。

坂爪：5歳だったら全然OKじゃないでしょうか？　うちの長男もそれくらいですけど、毎晩ママの体に触っていますよ。次男はもうすぐ3歳ですが、まだおっぱい飲んでますし。

藤見：母親は嫌じゃないですかね。

坂爪：嫌なのかな……。

藤見：だって、ずっとおちんちん触られるの、嫌じゃないですか？（笑）私は胸を触られるのが嫌だったんですよね。授乳が2歳で終わったんですけど、用もないのに触られるのが嫌で。「やめて」と注意し続けたら、やめてくれました。

坂爪：さっきの質問におけるタッチングの話、肌ベースのコミュニケーションが必要だという話と矛盾しませんか？

藤見：水着で隠れるプライベートゾーンは特に、自分が嫌だと思ったら触らせちゃいけないと性教育では伝えています。保育園の先生から、子どもが触りたがるから困っていると相談を受けることも多いのですが、子どもであろうと嫌なものは嫌だと言っていい。基本的に子どもって「嫌って言っちゃダメ」と育てられますよね。大人から性的ないたずらをされたときにも「嫌だ！」って言えなくなってしまうんです。だから、親御さんや先生のような親がまず見本になって、嫌なものは嫌だと伝える。それが最終的に子どもたちを守る言葉になると思います。

坂爪：「嫌なものは嫌」と伝えられることって、社会で生きていく上ですごく大切なスキルですね。

藤見：子どもにとっても、性的なエチケットを学ぶいい機会になると思います。「嫌」って意思表示をしている人を触らないようにする。

坂爪：そういった合意に基づくコミュニケーションの基本も、きちんと子どもに教えていきたいですね。とはいえ、我々大人でもできていない場合が多いので、身につまされますが。

藤見：胸を触りたがる時期って、下の子が生まれて、赤ちゃん返りしている可能性もあるので、そういうときは上の子と2人の時間をつくってあげることで、解消すると思います。

初級編まとめ：「エロ」の記号から踏み出すために

坂爪：ここまで大人になっても解けない性についての誤解や知識不足についての質問に答えてきました。改めて振り返ると、今の世の中には、大人が性に関する誤解や無知を解消する機会がほとんどない。まず、このこと自体が大きな問題ですよね。

藤見：触れちゃいけない、見ちゃいけない、聞いちゃいけないと言われて育っているから、「エロ」が記号の話になってしまう。

坂爪：そのため、性に関する基本的なことさえ理解できていなかったりする。誤解や知識不足のために、大人になっても記号に振り回され続けるしかないというのは厳しいですね。

藤見：『さびしすぎてレズ風俗に行きましたレポ』（イースト・プレス）が話題になりました。作者の永田カビさんは推測するに、わりと真面目な家庭で大切に育てられたのではないかと。その上でおそらく普通に「性的なものはよくない」という親御さんの考えを真摯に受け止めてしまった。そういった家庭では反抗期がないと、恋愛もセックスもできなくなってしまう。今まで「悪いこと」だと教えられてきた恋愛が、大人になるといきなり必須科目になっちゃう。

坂爪：大人になってからそうした「恋愛の壁」「セックスの壁」にぶつかった女性が、現実を打開するために選ぶことのできる選択肢がレズ風俗一択しかない、という現実は非常に重いです。基礎講義の男子編でも論じましたが、男性にとっての選択肢がＪＫリフレしかない、という現実と全く同じじゃないですか。まさにこの領域にこそ、現代社会における大人の生きづらさが凝縮されている気がします。

異性との接触で孤独を癒したがる男性とは異なり、女性が同性との接触を求めるのは、ジェンダー差もあるのではないのでしょうか。どれだけ寂しくなっても、同性に抱きしめられたいと思う異性愛者の男性は少ないと思いますし。

藤見：いわゆる母性なんでしょうね。安心したい、リラックスしたいと。ＡＶや漫画などの「視覚」は充実しているけど、まさにタッチングが不足している。

坂爪：熟女風俗店の代表の方が「熟女風俗は、男が女を抱く場所ではなく、男が女に抱かれに行く場所だ」と言っていました。これこそ母性ですよね。

一方、大人の女性にとって、サービスとしての母性を得られる場所はレズ風俗しかない。レズ風俗の利用者の大半が異性愛者の女性だと言いますし。「母性に包まれる体験が欲しいけれど、それを得られずに苦しんでいる大人の女性はどうすればいいのか」という問いを考えることは、すごく重要だと思います。

藤見：風俗は基本的に男性のものですしね。

坂爪：女性だと友達同士でハグやタッチングをすることもあるかもしれませんが、男性にはそうした文化や習慣がない。日常的に誰にも全く触れずに過ごす、もしくはいきなり風俗に行くという二者択一しかない。間がずっぽり抜けています。男性の世界でも、風俗以外のタッチングの文化や選択肢が普及するといいですよね。

藤見：経験からお話しすると、他の選択肢として、ダンスはオススメです。大人になって興奮したり、ドキドキしたりすることは、セックス以外にもたくさんありますよね。

坂爪：タッチングの代償行為になりえることは、世の中にたくさん存在していると思います。一部の週刊誌のように「セックスせよ。さもなければお前は無だ」と煽るだけでなく、それぞれの人が自分のライフスタイルに合った代償行為を見つけるためのサポートをすることが、これからの「大人の性教育」の役割なのかもしれませんね。

中級編：パートナーとの誤解やすれ違いに基づく悩み

彼のことが大好き過ぎて、コンドームをつけてって言えません（18歳・女性）

藤見：ＪＥＸ『ジャパン・セックス・サーベイ』（平成25年度）によると、避妊を「したりしなかったり」「しない」と答える未婚女性の20代は32・5％。30代になると52・4％になるようです。正論を言うと「つけてって言えば」で終わっちゃう話なんですけど。でも「俺のこと愛しているならつけないだろ」っていう男性がいますよね。

坂爪：大人の間ですら、コンドームをつけない状態＝生でセックスすること、そして生でセックスさせることがお互いにとって「愛情の証明」になると考えられている場合がある。これは合理性を超えた「信仰」ですよね。

風俗の現場は、まさにこの「生信仰」が蔓延しています。男性客から「お願いだから生でさせてほしい」と頼まれる女の子は多いですし、生でのサービスが「高級店」の証だったりします。

今どきのコンドームは非常に薄く、つけたところでほとんど感度に影響はありません。そして言うまでもなく、コンドームをつけなければ性感染症や妊娠のリスクは増大します。それにもかかわらず、「生信仰」は消えない。

藤見：社会的に成功している人でも、「俺は中出しさせないテクニックがある」と豪語する人がいますよね。今までとても理知的な話をしていたのに、そこだけなぜ？　とびっくりしてしまいます。

坂爪：どれだけ学歴や社会的地位があっても、セックスのことになると、途端に思春期の中学生のようなことを言い出す人は少なくないと思います。

また理屈ではなく、生でセックスをさせてくれるということが、相手の女性が自分を特別扱いしてくれたことの何よりの証明になる、と考えている人もいる。こうした承認欲求に飢えている人に対しては、性教育の言葉はなかなか届かないのかもしれません。

藤見：根底には「簡単に妊娠しない」という思い込みもありますよね。AVには「中出し」と見出しがついたものがかなりあります。ちなみにAVは性感染症予防と避妊のために必ずコンドームをしていますからね。そうじゃないと人気女優なんて軒並み妊娠してしまいます。

あと、よく言われる「安全日」はありません。本当に安全日があるのか、性教育者としてめちゃくちゃ調べましたけど、精子の生存期間と排卵日の割り出しにくさを考えると、どう考えても確定はできません。オギノ式は「妊娠しやすい」日を教えてくれるものであって、「妊娠しない日」を教えてくれるわけじゃない。特に中高生だとなおさら排卵日なんてちょっとしたことでずれます。

坂爪：「生信仰」に囚われた男性が悪いのは当然として、つけてもらうために女性ができる方法ってあると思いますか？

藤見：まず、「つけて」と言えない関係性ならば、セックスをすることで不幸のどん底に落ちる可能性があるので、セックスしないこと。それで別れることになっても、「セックスがなければ自分とは付き合う価値がないと思われていたのだ」と判断できるので、教えていた女子大生たちから「逆に別れてよかったです」という報告をたくさんもらいました。恐らく無理して関係を続けても決していい付き合いにはならなかったと思います。

また、コンドームをつけていた方が女性は安心するので、感度が上がって気持ちいいということは強調したいです。あとつけない男性は、盛り上がっているときにつけるのが面倒なんじゃないか。だから女性がつけてあげる、プレイの一環にしちゃえばいいと思います。じらして盛り上がることもできますし。

坂爪：コミュニケーションやプレイとして取り入れるのは、一つの手ですね。風俗で働く女性の中には「私、コンドームをつけたほうが気持ちよくなるタイプだから、つけてもらってもいい？」とお願いする人もいます。信仰に囚われている人に対しては、ただ論理的に説明・説教するよりも、「こっちのほうが楽しいし、気持ちいいよ」と感情に訴える呼びかけで誘導することも必要ですね。

非合理的な信念や習慣に囚われている人たちに対して、ただ上から目線で「ダメだぞ」と批判するだけでは、意味がありません。そういった人たちの心理や置かれている社会的立場を理解した上で、いかにして彼らの琴線に響くメッセージを発信できるかが、これからの「大人の性教育」の重要な課題になると思います。

セックスを断ると彼が不機嫌になるので、いつも流されてしまいます（19歳・女性）

藤見：相手が不機嫌になると、自分が悪いことをしているような気持ちになりますよね。女子高や女子大では、セックスを断る授業をやっていました。

坂爪：それはいい授業ですね。

藤見：自分の気持ちを悪びれずに、大事なこととして扱える子はちゃんと言えるんですよ。練習してみるといいんじゃないかな。

坂爪：「カップルになりさえすれば、セックスし放題になる」と思う発想自体が間違っていますよね。恋人同士であっても夫婦であっても、当然お互いの合意の上でやらなくてはいけないのですが……。ただ、どちらも同じテンションでセックスに臨めることって、なかなかないですよね。藤見さんならどうしますか？

藤見：受け入れられない理由を冷静に説明しますね。「今日は仕事がきつくて、明日早起きしなきゃいけないんだ」とか。理由なしで断らないようにします。だからといって、不機嫌になるときはなるものですよね。

坂爪：男性の本音は「明日とか来週とかじゃなくて、今したいんだよね」だと思いますよ。例えば、風俗も事前に予約せず当日電話する人が大半です。男の身勝手な欲求だと思いますが。

藤見：マスターベーションじゃダメなんですかね。

坂爪：ただ射精をしたいんじゃなくて、相手のあるセックスがしたい。性欲を解消したいのではなくて、性交欲を解消したいんですよ。すべての要望に応じられない場合、セックスを小分けに分解して「挿入までは無理だけど、裸で抱き合うならいいよ」と提案してみるのも一つの手だと思います。

藤見：確かなのは、相手の合意なしにセックスをするのは、カップルと言えどレイプになります。そして自分の欲望はいつどんなときでも叶えられるものではない、ということは心得ておくべきだと思います。だからマスターベーションは大切だし、誰も罪悪感なく「自分と相手を守るために必要な行為」という認識がもっと広まればいいですね。そして断る言葉も、断られたときに自分を慰める言葉も、社会にはまだ足りていないということはあると思います。

坂爪：そうですね。男性の場合、パートナーからセックスを断られると人格そのものを否定されたと感じてしまうことがありますが、セックスの拒否＝人格否定ではない。自分の意見と相手の意見が一致しなかったという事実を「嫌われた」「人格を否定された」と拡大解釈しないことは、対話スキルの基本です。パートナーからセックスを断られたとき、不機嫌になったり強引に迫ったりせずに、どうやって自分の気持ちに折り合いをつけていけばいいのか。そのためには、どのような言葉やスキルが必要なのか。性別や年齢を問わず、考えたいテーマです。

藤見：男性には「性欲が溜まる」という考え方があり、女性も「溜めさせてはいけない」という想いがあって、「無理してでも応えなければ」となるケースも考えられます。しかし性欲はマスターベーションで十分解消できますし、それを誰かの身体を使って相手の意思に反して解消しようというのは犯罪です。「私はあなたの性欲処理の道具じゃない！」とはっきり言っていいと思います。

第一子を出産して育児真っ最中です。夫が協力してくれないので困っています。オムツも言わないと替えてくれないし、やったらやったで下手くそだし、面倒だから全部自分でやっています。男は察しない生き物なんでしょうか？（28歳・女性）

坂爪：「男は察してくれない」とよく女性は愚痴をこぼしますよね。

藤見：産後女性の悩みの中で、最も多いものではないでしょうか。何も言わずにやってくれるのが一番いいのですが、男の人って、産んでないし、おっぱいを飲ませることもできません。女性の大変さを分かりようがないんです。だから、察してもらうのはあきらめましょう。

坂爪：ただそれでもこの人はしんどいわけで、どうしたら楽になると思いますか？

藤見：自分が実家に帰ったときの立ち位置を思い出してほしいんです。いつもは自分でやっている家事をお母さんがご飯や洗濯もしてくれて、ちょっと疲れているように見えても、「お母さんの家だし今更私が台所に立つのも逆に邪魔かな……」なんてなんとなく声をかけなかったりするじゃないですか。そんなときにお母さんから「私が疲れているのに、全然やってくれない！　察してくれない！」と怒られたらどんな気持ちになるか。確かに悪かったけど、先に言ってほしいと思いますよね。「今日しんどいから、ご飯つくってくれる？」の一言があれば率先してできたのにって。

坂爪：察してもらうのはあきらめるとして、どうすれば夫が家事をするようになりますか。

藤見：イクメンになった人たちに、どうしたら夫が家事を分担してくれるようになるか聞いたら、「一つの家事を任せたら、横から文句を言わず、自分なりにできるようになるまで見守ってほしい」ということでした。

坂爪：皿洗いや洗濯は丸ごと頼んだぜ！　と。

藤見：責任感もその中で生まれてきます。一回目から完璧にできる人なんていません。オムツ替えだって、試行錯誤をしながら、「こうやったらうんちが漏れないな」と分かってくるものです。実家でご飯を作っているときに、横からお母さんに「その包丁の持ち方はダメ」といちいち注意されたら、やる気が下がってしまう。自分のやり方じゃなくても、許容して任せてみると、夫も協力的になってくれる可能性があります。

坂爪：育児や家事に対する当事者意識というものは初めからあるものじゃなくて、実際に育児や家事をやりながら徐々に芽生えていくものなんでしょうね。子どもが生まれたから誰もが自動的に父親になれるわけではなく、育児に関わっていく過程で父親としての自覚が芽生えていく。パートナー同士で当事者意識を育み合うことで、余計な男女対立がおこらないようにしたいですね。

性教育は大事だと思うが、夫にどうやって切り出せばいいか分からない（34歳・女性）

藤見：男の子だったら父親が、女の子だったら母親が、特に思春期になってからの性教育は同性の親がすることが基本です。

坂爪：私の専門は障がい者の性に関する支援なのですが、障がいのある男の子を母親がずっと介助している場合、母親が子どもの性の問題に向き合えないために性教育を行うことができず、結果として問題が深刻化してしまうことがあります。

理想としては、同性の父親が、普段の生活の中で一緒にお風呂に入りながら、性器をどうやって洗うのかなど、性教育以前の生活習慣から教えていってほしいですね。

藤見：父親の協力はあると心強いですよ。ただ男親と女親では性についての感覚が全然違います。例えば、トイレで何があるか分からない、不審者にいたずらされるかもしれない、と女性は危機感を持てますけど、男性は「勝手に行ってきて～」と楽観視しがちです。

坂爪：普段見ている風景が違いますからね。

藤見：ですから、性教育をしなくても勝手に育つと思っている男性は多いのですが、そこはどんな性教育をするのかしっかり話し合ってほしいですね。子どもの身を守ることにもなりますし。

坂爪：どうやって切り出せばいいんでしょうか？

藤見：育児中の夫婦は業務連絡ばかりなので、いきなり性教育の話を入れるのは難しい。重い話ほどサラッと軽く何度も伝えてほしいのです。よく講演などでアドバイスをするのは、日常会話から始めること。例えば、ニュースで性犯罪のニュースをしていたら、それをきっかけに話してみる。いきなり「性教育ってどうする？」って聞いて、夫が口ごもったら「あなた、全然考えていない！」って頭ごなしにせめちゃうのはダメです。温度差を揃えていくには、少しずつ伝えて、相手の温度が上がるまで待つ時間も必要です。

坂爪：日頃から夫婦間のコミュニケーションをきちんと重ねておく、ということですね。普段の日常会話があってこそ、重たい話もできる。凡庸ですが重要な結論です。

浮気・不倫を防ぐための夫婦間コミュニケーションのコツはあるのでしょうか？（41歳・女性）

坂爪：基礎講義でも紹介しましたが、「男は安定するとダメになり、女は不安になるとダメになる」という格言があります。男性は家庭が安定すればするほど、妻の愛情をバネにして、他の女性の元にフラフラ飛んで行ってしまうのではないでしょうか。

藤見：ええっ、なんて勝手な。

坂爪：「どんなことをしても、妻だけは自分のことを捨てないだろう」という慢心が生まれてしまうのでしょうね。「お母さんだけは僕を見捨てない！」と考えている男の子と同じ心理があるような気もします。

藤見：かといって、子育てもしていく中で、不安定な関係性を維持させるって至難の業ですよ。

坂爪：今度は家庭が不安定であることを理由に不倫するかもしれません。

藤見：いずれにせよ不倫するのか……。

坂爪：もちろん「夫婦間のコミュニケーションをきちんと取る」といったベーシックな対策

の積み重ねで「防げる不倫」も多いと思いますが、その一方で、どうしても「防げない不倫」も確実にあると思います。どれだけ家庭が上手くいってても、事故のように恋に落ちてしまったり、若い女の子にフラフラしてしまったり。自分の気持ちも相手の気持ちも、完全にコントロールすることはできないじゃないですか。「不倫は全て防げるはずだ」「不倫する人は道徳的にダメな奴だ」という信念を持っていると、いざ自分やパートナーが不倫してしまった際に、自責の念で押し潰されてしまう可能性がある。

藤見：いくら自分がベストを尽くしていても、やるときはやっちゃうんだと。

坂爪：だからこそ、「防災」（どうすれば不倫を防ぐことができるのか）だけでなく「減災」（不倫が起こってしまった場合、どうやってダメージを減らすのか）も考えるべきだと思います。普段の家庭がうまくいっていれば、万が一不倫による危機を迎えた場合でも、再構築は比較的スムーズに行くと思うんですね。

藤見：なるほど。女性の心構えとしては、我慢を続けないことです。どんなに尽くしても不倫を防ぐことができないのであれば、自分自身の自由も守る。夫婦で本書を読んでいただいて、子育て中でも「母」の役割にとらわれないひとり時間が大事だと、夫婦に共通認識として持ってもらって、夫に子どもを託して出かけることも大事です。そんな風に行動していたら、夫も気が気じゃなくなるんじゃないですかね（笑）。お互いが自分の人生を楽しんだ方がいいと思います。相手に尽くしているという気持ちだと、許せない気持ちがより強くなっちゃうと思うんです。私はこんなに我慢しているのに！って。でも人生楽しく生きてたら、まっいいか、私も好きにやってるしね、って受け止めやすくなると思います。

坂爪：藤見さんのおっしゃるように、不倫をした人が社会的にバッシングを受ける背景には、「自分はこんなに我慢しているのに、許せない！」という思いを抱いている人がたくさんいるからなのかもしれません。でも、結婚は我慢大会ではないですよね。我慢した人が偉いわけでもなければ、我慢した人が幸せになれるわけでもない。「結婚とはこうあるべきだ」「夫婦とはこうあるべきだ」という呪いに縛られて、誰からも頼まれていないのに我慢をし続けた結果、「我慢をしている私が一番偉い」という思い込みに囚われて、「あいつらは我慢が足りない」と他者を叩くようになる。こうした悪循環からは何も生まれません。

不倫を推奨する気はまったくありませんが、「結婚は我慢大会ではない」という当たり前の前提がもっと多くの人に共有されていけば、楽になる人は増えると思います。結果的に、その方が不倫の「減災」に役立つのではないでしょうか。

産後の性生活はいつから始めていいんですか？再開のコツはありますか？（36歳・男性）

藤見：産後は、性生活において第一関門なんですよ。丸腰で挑むべきじゃない。大変なんだと覚悟してください。通常のセックスができなくなるわけです。一昔前のテレビドラマでは「産めば幸せ」とハッピーエンドで終わっていましたよね。でも、現実はここからが本当の問題で、力を合わせなきゃいけないんです。幸せなはずなのに……って想像とのギャップに落ち込む人も多い。

坂爪：産後の女性は、大体どれくらいからセックスを再開できるのでしょうか。

藤見：基本的には、出産直後から6〜8週間の「産褥期（さんじょくき）」は母体を休める時期なので、セックスは難しいでしょう。また、それが終わったからといって、即セックスできるわけではありません。体調には個人差がありますし、会陰切開の傷が痛んでドーナツ型のクッションを敷かないと座れない人がいたり、帝王切開の傷が癒えない人がいたりします。それに夜泣きで睡眠時間も削られていて、疲れている人も多い。セックス以前に人としての生活が確保できていない可能性があります。こうした状況ですから、女性の「なんとなく無理」という感覚は大事にしてあげてほしいです。もし早く夜の生活を再開したいのであれば、母の時間ではなく、人としての時間をまずは確保する。

坂爪：まずは女性自身が「母らしく」でも「妻らしく」でもなく「人間らしく」生きる時間を確保せよ、ということですか。

藤見：そうです。その「人としての時間」が人によって違うと思うんです。寝る時間、趣味の時間、おいしいご飯を食べる時間……何が妻にとって大切な時間なのかを聞いてみる。そしてそれを尊重してください。最初のうちは育児で手一杯ですから、「母にならなきゃ」と自らにプレッシャーをかけがちなんですね。性欲がスコンと抜けてしまう人もいますし。

坂爪：我が家も一人目を産んでから1年くらいは子育てに必死で、二人目を作ろうとするまでにはブランクが開きました。ブランクを経て性生活を再開する場合、まずは服を着たまま抱き合うなど、少しずつお互いの感覚を慣らしていくのもいいでしょうね。

藤見：どうしてもナーバスになりやすいので、「こんなに大変なのにセックスするなんて！」と怒ってしまう女性もいます。産後はそういう時期なんですね。性生活がないからといって「俺は嫌われているんだ」って思いすぎないでほしいです。

中級編まとめ：言わなきゃ絶対に伝わらない

坂爪：ここまで、パートナーとの誤解やすれ違いに基づく性の悩みを解決するための方法について話してきました。

藤見：まとめると、普段からコミュニケーションを取りましょうってことになっちゃいますね。普通だなぁ。

坂爪：普通でまったく問題ないと思いますよ。当たり前のことを当たり前にやるのが一番難しいのですから。それができないから、みんな性の問題に対して見て見ぬふりを続けたり、とっくに性に目覚めている子どもたちの前で「寝た子を起こすな」と言ってみたり、「子宮は何でも知っている」みたいにスピリチュアルな世界や疑似科学に逃げたりするんですよ。性教育のメッセージって、「当たり前のことを当たり前にやろう」の一言に尽きると思います。

藤見：コミュニケーションにおいて、「なかったこと」にするのが一番ダメだと考えています。ちゃんと自分が嫌だと思ったことは、問題にした方がいい。性の問題って特に「男とは

〜」「女とは〜」というファンタジーがまかり通っていて、「男はコンドームをつけないもの」と説明されたら、納得しがちなんですよ。でもあなたの感じている問題は大切だから、うやむやにしないでほしい。

坂爪：「男」を主語にした主張は、往々にして自分の個人的な習慣や願望を「男はみんなこうなのだ。変えようと思って変えられるものではないのだから、納得しろ」と強引に一般化しているだけですからね。そんな強引な主張で大切なことがうやむやになってしまう背景には、性の持っている「語りにくさ」や「相談しにくさ」があるのかもしれません。

藤見：「なかったこと」にしたつもりでも、心の奥底では怒りが消化できていなくていきなり爆発したりしますから。都度小出しにするのがいいと思います。

坂爪：実際にお互いが同意できるかどうかよりも、事前に自分の意見を伝えてコミュニケーションをとること、それ自体が大切ですよね。

藤見：自分の要求が１００％通ることなんてありえないですから、２人ですり合わせる作業が不可欠ですよね。

坂爪：お互いの意見が衝突すること自体はゼロにできないけれど、衝突した後にお互いの意見をすり合わせて、関係の不必要な悪化を食い止めることはできる。

藤見：漫画『喰う寝るふたり 住むふたり』（日暮キノコ・徳間書店）では、同棲している2人の物語を男性側からも女性側からも同時に描いています。同じ話なのに、男女で全然違うことを考えている。人はすれ違うものなんだと分かる作品です。

坂爪：プロポーズしたつもりだったのに、全然分かってなかったり……。

藤見：すごい嫌なこと言われたって思っていても、本当は自分のことを思いやっての一言だったり。どれだけお互いに思いやりがあっても、コミュニケーションを取らないと分かり合えない。産後になったらもっと大変だぞ……。

坂爪：ぜひ男女のすれ違いっぷりを確認してほしいですね。

上級編：「かくあるべき」という社会の呪いに基づく悩み

正直恋愛に興味がありません。好きな人や彼氏がいないとダメなんでしょうか？（19歳・女性）

藤見：10代後半の時期は「彼氏は？」「好きな人いるの？」が挨拶のように交わされますよね。結論から言うと、無理やり好きにならなくて大丈夫です。

坂爪：いきなり年寄り臭い発言をしてしまいますが、恋愛は無理にするもんじゃないですよ。

藤見：性愛にまったく興味・関心のない「Aセクシュアル」のようなセクシュアリティもありますし、興味のない自分が変だと思わないでほしいです。

坂爪：「パートナーがいないやつはダメ人間だ」とする同調圧力は確かにありますね。

藤見：この同調圧力に屈するのは、不幸の始まりです。好きじゃない人とセックスしたらかなりの確率で後悔します。付き合った人がひどい奴かもしれないし、必ずしも恋愛がハッピーとは限らない。不自由と孤独、どっちがいいのか。耐えられないほうを選ぶだけです。

坂爪：ただ、同調圧力のまったくない恋愛の始まりってあるのでしょうか。「友達も彼氏がいるみたいだし、とりあえず自分も彼氏つくってみよう」と思って付き合った人が、案外うまくいくかもしれませんし。

藤見：なるほど、結婚にもそうした一面がありますね。

坂爪：そうした所属集団や社会からの同調圧力を完全に断ち切って生きている人はいないですよね。ただ、お互いに共通のコミュニケーションのネタがないから、世間話や社交辞令のような形で「彼氏いるの？」という質問が飛び交っているだけの可能性もある。そうした表面的な質問をされるのが嫌であるならば、所属しているコミュニティを変えるべき。自分に合うコミュニティが見つかれば、周囲からの質問も変わってくるんじゃないかな。

藤見：私もダンス仲間とダンスの話しかしないです。彼氏がいるとか、結婚しているとかどうでもよくて、みんなダンスに熱中していて、その関係性が楽しい。そういう場所を見つけられるといいですね。

子どもを産んでから夫に女として見られていない気がします（28歳・女性）

藤見：この相談はけっこう多いですね。

坂爪：「女として見られたい」って具体的にどういうことなんでしょう？

藤見：まずは「褒められたい」という感情があると思います。夫から「頑張ってるね」「いつもありがとう」と言われたい。特に産後はすごく頑張らざるを得ない状況ですから。ただ、どっちも余裕のない状況が多くて、利権の奪い合いみたいになって「褒めてやるもんか！」とお互い思ってしまう。

坂爪：リソースが少ないから、お互いに奪い合ってギスギスしてしまう。

藤見：褒められたいなら、まずは相手を褒める必要があります。「私は褒められてもいいけど、夫は頑張ってない」と感じている人も多いんですが。恨みつらみはいったん忘れて、いったん褒めましょうと。それが褒められる近道です。

坂爪：私の妻は、褒め方のセリフを具体的に指定してきます。例えば、子どもたちの保育園の洗濯物を妻が洗って干している場面を見たら「洗濯物、いつもありがとう。たまには俺にやらせてくれよ」って言いなさい、と。

藤見：その通り言うんだ（笑）。

坂爪：そのまま言いますよ。素直に教えてもらった方が、本人のツボ＝言われて嬉しいツボもよく分かるので。あと我が家では、毎晩寝る前に、妻の好きなところを3つ言うことが習慣になっています。

藤見：それって大変じゃないですか？

坂爪：慣れてしまえば大変じゃないですよ。「ぐずる息子をうまくなだめてくれてありがとう」「出張のときに、子どもたちを公園に連れ出して遊ばせてくれて、助かったよ」など、褒め言葉が具体的だとより喜んでもらえますね。褒め言葉のやり取りで夫婦関係は円滑になっていくので、言わない手はないと思います。

藤見：もう一点、「女に見られていない」というのは、セックスレスが原因だと思います。こういう相談をしてくる方は、けっこう男性を尻に敷いているタイプが多くて、上司と部下の関係になっているんです。

坂爪：上司と部下（笑）。

藤見：その関係性の中で、セックスだけ夫から誘うのは、難しいと思うんですよね。そういう場合は女性から誘ってみたらいいんじゃないかな。

坂爪：「共働きで長時間労働をこなしながらの子育て」というミッション・インポッシブルを遂行するため、さながら軍隊のような上司と部下の関係になってしまっている夫婦はかなり多いと思います。「セックスは男が主導するべき」「女は受け身であるべき」というジェンダー規範に囚われる必要はない、ということに気づければ良いですよね。

夫は激務で、たまの休みも寝て過ごしていることが多いです。何か相談しても「任せるよ」の一言だけ。疲れているのも分かりますが、育児もセックスも妻任せで受け身な夫を能動的にするにはどうしたらいいでしょうか？（36歳・女性）

坂爪：前述した通り、家事や育児を丸ごと担当させる機会を増やせば、男性も自ずと能動的になるのでしょうけど……。でも、夫の方も長時間労働で時間がない状況ですよね。

藤見：そうそう。家事も育児もセックスも、能動的になれないのは長時間労働が原因です。

坂爪：だからといって、働き方改革の実現を気長に待つわけにもいかない。

藤見：やめちまえ、そんな仕事！　というのは簡単だけど、誰もがすぐに転職できる状況にあるわけじゃないですしね。まさに今困っていると。

坂爪：仮にセックスレスになったとしても、長時間労働が原因であるならば、あまり重く考えないでほしいと感じました。働き方を見直すことは必要ですが、お互いに性の問題に向き合った上で「今はしなくてもいい」という結論に至ったならば、無理にしなくてもＯＫではないでしょうか。

藤見：セックスできないことより、セックスレスに向き合わないことの方がずっと問題ですから、自分が問題だと思うなら素直に気持ちを伝えてほしいです。

坂爪：夫婦になると、生活ありきの性になりますからね。性的欲求や恋愛感情ではなく、仕事や育児といった生活リズムによってセックスの可否が左右されるようになります。

藤見：まずは生活を見直して、セックスが難しいなら無理する必要はない。

坂爪：ただ、仕事や育児は性生活を阻害するだけの要因ではなく、生産性を上げる要因にもなります。自分も子どもが生まれてから「保育園のお迎えの時間までに、何としてもこの仕事を終わらせる！」という目標を立てるようになり、ダラダラ仕事することが減りました。

藤見：オンとオフの切り替えができるようになりますよね。

坂爪：育児は大リーグ養成ギブスのような効果があります。生産性の向上や細切れの時間の有効活用する習慣、マルチタスクをこなす段取り力が、将来の夫婦関係や性生活を充実させる上できっと役に立つ、と前向きに考えていただければ。

藤見：ギブスをはずした後、筋肉がヤバいらしいよ！　ともっと大っぴらに宣伝していきたいですね。

時間と余裕のない育児中、自慰やセックスはいつ・どこでしたらいいのでしょうか？（42歳・男性）

藤見：男性は自慰行為をすることに、罪悪感はあるんですか？　妻がいるのに、子育てしてるのにと自分を責めたりしますか。

坂爪：思春期の中学生だったらまだしも、一般の大人にはないと思いますよ。別腹です。ただ、日本の狭い住宅環境の中では、好きな場所やタイミングで自慰行為できない問題はありますよね。お風呂やトイレでする人も少なくないと思います。

藤見：お互い様ですが、妻からすると、バレないでやってほしいです。少なくともＡＶのＤＶＤを入れっぱなしなどせずに、妻や子どもに見られないようにしてほしい。

坂爪：家庭内でのセックスは、自慰以上に大きな問題ですよね。子どもの成長にしたがって、いつ・どこで・どうやってやるのかが課題になってきます。

藤見：子どものおもちゃが見えると、性欲がなえてしまう男性って多いんですよね。衝立のようなものを立てて、子どものものが見えないようにするのはオススメですね。

坂爪：スペースの問題はありますね。かといって、小さな子どもを置き去りにして朝まで二人でラブホテルに行けるわけでもない。

藤見：セックスの方法は子どもの成長段階に合わせて違ってくると思います。幼児は眠りが浅いのですぐ起きてしまいますよね。

坂爪：これは寝かしつけを工夫するしかないのでは。昼間のうちに、とにかくたくさん外で遊ばせて、夜はギリギリまで起こしておいて、パタッと寝かせるとか。

藤見：小学生は置いて出かけられないけど、眠りが深いので家でできる。中学生なら受験勉強で徹夜するけど、一人で家に置いていっても大丈夫でしょう。そのときは外でデートを楽しめばいいわけだし。意外と飽きないようにできていると思います。子どもに邪魔されて中断することすらも、楽しむように発想を転換することも必要なんじゃないかな。

坂爪：むしろ、子どもの存在をスパイスとして活用しようと。

藤見：そうそう。あと普段から夫婦でベタベタしておくのも、良いカモフラージュになると思います。

独身で恋人もいません。これから自分の性欲とどう向き合えばいいのでしょうか。（58歳・男性）

坂爪：このような相談者に対して、性教育はほとんど何も言及してこなかったと思うんです。加齢や障がいなどのハンディキャップによって性から疎外された人たちにも届くように、性教育の射程距離と守備範囲を広げる必要があると思います。

藤見：今までの性教育は基本的に若者を対象にしていますよね。まさに「大人の性教育」の出番です。

坂爪：拙著『セックスと超高齢社会』（NHK出版新書）にも書きましたが、単身高齢者の人口は約600万人。そのうち、初婚・再婚できるのはわずか0・001％にすぎません。配偶者がいたとしても、75歳になれば男性の2割、女性の6割は離別・死別を経験することになります。

つまり、パートナー不在の状態で高齢期を迎える大多数の人にとって必要なのは、「いかにして新たに恋愛やセックスのパートナーを見つけ出すか」という問いではなく、「いかにして恋愛やセックスのない余生を受け入れるか」という問いになります。

特に男性の場合、「性をいつ・どうやってあきらめるのか」について、まだまだ言葉や議論が足りていないと思うんですよ。女性の場合、年齢の上昇による妊孕力（にんようりょく）の低下や閉経というタイムリミットが明確にあるわけですが、男性の場合はそうしたタイムリミットが明確でない。そして男性向けメディアに溢れているのは「生涯現役」「死ぬまでSEX」のような威勢のいい言葉ばかりです。

藤見：週刊誌にも70歳までセックス！　とあおられる。

坂爪：メディアで語られる選択肢は、「あきらめない」一択だけなんですよね。男性は「俺はまだまだ現役」と思いたがりますけど、誰でも年齢が上がれば容姿や身体機能が衰えるので、よほどのお金持ちでもない限り、モテなくなるもんじゃないですか。しかも今はみんなが結婚する時代ではない。恋愛や結婚に対する期待値も下がっている。こうした現実の変化にもかかわらず「パートナーがいないやつはダメだ」とみなす価値観は根強く残っていて、それが「性をいつ・どうやってあきらめるか」という議論を進める際の妨げになっているのだと思います。

藤見：一方で、「みっともないから、たたみなさい」と社会が押しつけることにも違和感がります。たたみたい人が、罪悪感なくたためるといいですよね。

坂爪：まさに「性の終活」ですね。

藤見：今はそこに言葉が足りないので、「俺がモデルケースになるぞ」と思って、道を切り開いてほしい。

坂爪：恋愛やセックスをあきらめたくないのであれば、あきらめなくてもいい。もうたたみたいのであれば、たたんでもいい。全ての人には、性別や年齢にかかわらず、自分の性生活を自分でデザインする権利がある、というのが性教育のメッセージです。生きている限り、どれだけ年を重ねても性の悩みは消えませんが、それ自体は「恥ずかしいこと」でも「みっともないこと」でもありません。

いくつになっても「性のことを考えて続けてもいいんだ」「迷い続けていてもいいんだ」と自分を肯定できることこそが、私たち大人が性教育を学ぶことで得られる最も大きなメリットではないでしょうか。ぜひ人生の最後まで、自分自身の生と性をデザインする意志を持ち続けてほしいと思います。

上級編まとめ：誰だって悩んでいる

坂爪：本章のQ＆Aでは、10代から50代まで、世間で「大人」と考えられている年齢の男女が直面しがちな様々な性の悩みに対して、「大人の性教育」の視点から回答しました。

　性の悩みは個別のものに思えても、背後には共通した「誤解」と「呪い」が隠れています。大人になっても解けない誤解、そして大人になったからこそ解けない呪いによって、多くの人が苦しめられていることが改めてわかりましたね。

藤見：我々は男と女である前に人間です。まずは生活を大事にして、人間として認め合っていきたいですね。何度でも言いたいですが、長時間労働は本当によくない！

坂爪：藤見さんがおっしゃる通り、私たちが「男として」「女として」「夫として」「妻として」「父親として」「母親として」といった社会的な圧力から解放されるためには、まず「一人の人間として」性に向き合う必要があると思います。社会的な役割やジェンダーをいったん脇に置いて、「まず自分が人間になること」「パートナーを人間として尊重すること」が、私たちを苦しめる呪いを解くためのヒントになるはずです。

ここまでは主に異性愛者の男女の話を扱ってきましたが、国内の全人口の７・６％を構成しているとされるＬＧＢＴ（レズビアン〈Lesbian〉ゲイ〈Gay〉バイセクシュアル〈Bisexual〉トランスジェンダー〈Transgender〉などの性的少数者をあらわす総称）の方たちにとっても、性自認や性的指向にかかわらず「一人の人間として尊重されること」が大切です。

藤見：同性同士のセックスは、学校の性教育では「なかったこと」になっていますからね。保健の教科書にも「思春期になると異性は惹かれあう」と書かれています。本当はどんなセクシュアリティでも、性の話を普通にできるといいですよね。例えば、『きのう何食べた？』（よしながふみ・講談社）は、ゲイカップルの話ですが、生活を淡々に描いています。両親から理解されなかったり、ゲイならではの問題に直面することもあるのですが、生活自体を「普通のこと」として描く魅力的な作品です。

坂爪：ご飯をつくって二人で食べている描写がメインですもんね。「非日常の遠い世界」というイメージが持たれがちな同性愛カップルの世界を、ごくありふれた日常生活に落とし込んで描き出している点は、「大人の性教育」の視点から見ても重要だと思います。ファンタジーに満ちた中高生の性と異なり、大人の性は、日々の生活と切っても切り離せませんから。

藤見：根底に流れているのは、「生きていれば、いろんな問題があるよね」というメッセージです。特に性の問題はなかったことにされがちですが、男女でも同性同士でも、若者でも高齢者でも、生きていると様々な問題に直面しますよね。問題がなかったことにしない、悩みがあることを前提にしたいですね。

坂爪：そうした前提を受け入れ、みんなで共有することが、大人の性教育の第一歩になると。性に関する悩みと向き合いながら伴走していくためのサプリとして、大人の性教育が広まっていけばよいですね。

4　答えのない「モヤモヤ」に立ち向かうために

男女の溝をどう埋めるのか

藤見：今回「大人の性教育基礎講座」と銘打って、男子編女子編にパート分けをして、内容も異なった構成を取りました。坂爪さんのようにカテゴライズすることも考えたのですが、女性の場合、性愛へのスタンスにおいて、職業が、正規か非正規かというのはあまり関係ないんですよね。また男性はカテゴライズされてスッキリすることもあるかもしれないけれど、女性はむしろカテゴライズを嫌う傾向があるような気がして。実際生き方も多様ですし。そうしたことから、改めて、男性と女性の性の価値観の違いを感じました。実際、私自身も、坂爪さんの原稿を読んで、理解できない……と思うところが散見され（笑）、でも、だからこそ面白いし、自分の理解を超えた、男性の価値観を知るのって興味深いなと思いました。

性に関する男女の対談は書籍だとよくあるテーマですが「理解のある男性が女性の言い分を聴く」という傾向がある印象が強いです。それを読んだ女性たちは「そうだ、そうだ！」と共感し、多くの男性は「あいつ格好つけやがって」と憤る。そういう意味で、坂爪さんの完全男性目線のアプローチは、真に男子に届く性教育なのではないかと思うんです。大人への性へのアプローチはどうしても女性に重きを置きがちですから、この本の男女への全く違うアプローチの仕方は新しいのではないかと思います。

坂爪：男女の性の話は、まずお互いが異なる前提に立っているという認識を共有した上で、そこからいかに分かり合うための努力をするのかが大切だと思っています。具体的にどこが「理解できなかった」と感じましたか？

藤見：例えば、若いころの坂爪さんが「現実の恋愛も、結局は『恋人らしさ』という記号の組み合わせにすぎないのではないか」「入れ替え可能な記号をなぞるだけ」と考えていらっしゃったという話がありますよね。たぶん女性からすると「何を言ってるんだこいつは……」と感じると思う。ただこれは「記号」を扱う風俗に行く男性にとっては、リアリティのある言葉なんでしょう。

また、女性とどう恋愛していいのか分からない男性たちの「トレーニングジム」としてJKリフレが使われている話も興味深かったです。学校現場の性教育では、風俗で売らせない、買わせないことが一つの目標になっていますが、理想論を言っているだけでは何も変わらないという認識を持つようになりました。驚いたのは、JKリフレに通うことで、女性とのコミュニケーションがうまくできるようになった人がいると書かれていますよね。

坂爪：高校までは、恋愛やセックスは原則禁止だったり、手の届かない高嶺の花だったりしたはずなのに、卒業すると急に「できて当然」「できないやつはダメ人間」という必須科目になる。しかし当然ながら大多数の人にとっては、恋愛やセックスを練習する場もなければ、知識を学ぶ場もない。そうした状況下で、いきなり実践に臨むのは無理に決まっています。学生が性教育で教わるのは、性感染症の予防や妊娠の仕組みなどの医学的な知識だけ。知識と実践の間をつなぐトレーニングの場は、残念ながらＪＫリフレ的なグレーの世界にしか用意されていない。

藤見：もうひとつ、「性」のスタンスの違いには、男女で接してきたメディアが大きく違うことも影響していると思います。

例えば、性教育の授業の一環で、男女が抱き合っている絵を見せて「ここから想像できるストーリーを考えなさい」という男女に分かれたグループワークをすることがあります。すると、女子グループの多くはこの抱き合った写真をストーリーのクライマックスにして、ここまでに経緯があって、ハッピーエンドで結ばれた……という流れを考えます。身近なところで言えば彼女たちは、少女マンガを読むことで、恋愛にいたるまでのプロセスを重要視するという千本ノックを受けていますから。

その一方、男子グループのほとんどが「今日、家にだれもかえってこないの」と女の子に言われてすぐセックスに辿り着くようなストーリーを考えます。少年漫画では、主人公はなぜか女の子に好かれていて、主人公を無条件で応援してくれて、当然のように結ばれますよね。だから恋愛に至る過程が分からないし、デートがなんであるかもわかっていない。それなのに、千本ノックを受けている女子をエスコートするなんて難しいですよ。

　これはあくまで典型的な例にしかすぎませんが、メディアによる作られた「理想」というのはとても影響が大きいと思います。

坂爪：私自身を含め、多くの男性は自分が何も努力をしなくても、ある日突然天から理想の女性が降ってくる、というシチュエーションが大好きですからね。『天空の城ラピュタ』のシータのように、自分の理想通りにカスタマイズされた容姿と性格の女の子が、自動的に目の前に現れてくれないかと思っている。無論、現実にはありえませんが。

藤見：男性への「頑張ってさえいれば、影で僕の努力を見てくれていた女の子からご褒美がもらえる」という社会的な呪いは、馬車馬のようにひたすら家族を支えるために働く男性を製造することに貢献していると思います。男性の生（ライフ）と性（セクシャリティ）が大切にされることで変わってくることは結構あると思います。

坂爪：女性の性が神格化されている一方、男性の性はほとんどガラクタ扱いですよね。性教育関係者の間ですら、女性の性を擁護することだけに熱心で、「射精なんてしなくても死なないでしょ」と男性の性をないがしろにしてしまっているケースはあると思います。

藤見：男性と射精の関係性っていうのもなんだか変ですが、多分、女性では想像しがたいくらい身近なものなんだろうなと思います。自分の性器を「息子」と呼ぶ感覚は、女性にはあまりないですからね。ちなみにレイプ犯は性欲が強いのではなく、支配欲が強い人が多いと言われています。セックスをするのが目的というよりは被害者を完全に支配下に置いた状態で自分の欲望を満たすことにエクスタシーを感じている。恐らく、自らも何かしらでそうした状態にあって、その欲求不満の矛先が、よりか弱きものへと向かってしまう。

私が女性として生きていく中で、そうした支配欲とは無縁だと思っていたのですが、ふと振り返ってみると、教員として部活動の顧問をしていたときや、子育ての経験の中で、自分が子どもたちに対して支配的に振舞っていたこともあったのではないかと思うようになりました。親や先生といった、一見絶対的な立場になったときに、子どもたちが「怖いから逆らえない」と従順になったらそれを「自分の指導力の賜物」と、むしろ気持ちよさを感じていたりするんです。そしてどういうときにこうした心情になってしまうのか考えてみると、自分より弱い者がいて、自分がリードしなければ社会的にまずいぞと自分で勝手に思い込んでしまっているときなんですよね。男性の場合で考えてみると、自分より弱いものと対峙することの方が機会としては多いわけで、「自分が目の前の相手を支配的にコントロールしていないか」ということに敏感に生きるのは決して容易ではないと思うのです。

ここで大切になってくるのは、弱い者が「今のこの状況ちょっとおかしいぞ」と感じ、伝えられること。育ちの過程の中で、どんなに弱い存在でも尊重されるべきであるという環境におかれた経験さえあれば、その力は発揮しうるのではないかと。逆にそうした経験がなければ力のあるものがコントロールして当たり前なのだと、どちらの立場になっても思ってしまうでしょう。そして、力を持っている人へのケアはないがしろにされがちですが、無防備に力を使ってしまわないような一種の「配慮」の方法は、男女を問わず誰でも知っておいた方がいいのかもしれません。

坂爪：セクハラもパワハラも、無意識のうちにやっている人が少なくないですね。自分の言動が誰かを傷つけているという意識や自覚がない。だからこそ、より問題が根深いものになる。

藤見：これも「男だから」という話ではありません。「支配欲」の扱い方――自分より弱いものを前にしたときにどう振る舞うのかという話です。周囲の人が子どもを守りたいのであれば、側にいる母親のケアもしなければいけないし、母親を守りたいのであれば、父親のケアもしなければいけない。産後女性が生きやすくなるためには、その大変さをただ伝えるだけでは男性には不十分です。積極的に男性にも働きかけていかないといけません。

坂爪：これは性風俗も同様で、風俗で働いている女性の裏側には、DVを繰り返す彼氏や、彼女の稼ぎをすべて浪費してしまう無職の夫が隠れていることがしばしばあります。そのため、風俗で働く女性の姿だけを切り取って「女性の貧困」としてセンセーショナルに報道しても、あまり意味はありません。彼女の後ろにいる男性の抱えている問題にも働きかける必要があります。

大人の性を巡る問題は、「男が悪い」「女が悪い」といった水掛け論を繰り返すだけでは、何も解決しません。ツイッターをはじめ、SNSのタイムライン上ではミソジニー（女性嫌悪）に駆られた男性たちと、ミサンドリー（男性嫌悪）に駆られた女性たちとの不毛なバトルが延々と展開されていますが、どちらか一方を責めても意味が無い、ということをまずきちんと共有する必要があります。

藤見：それぞれの理想はあるかもしれませんが、その主張のすべてを通すことなどできませんから、この本では、議論の土俵を共有して、お互いにとって実質的に少しでも生きやすくしていくことを絶えず意識しました。

なぜ疑似科学が流行るのか

坂爪：子どもの性教育に必要なのは、まず科学的・医学的な知識です。例えば「コンドームを着用すれば、避妊と性感染症の防止ができる」といった基礎知識ですね。

次に必要なのは、基本的なマナーとスキルです。恋愛感情や性的欲求を感じることは恥ずかしいことではない、ということを踏まえた上で、「嫌がる人の身体を無理矢理触ってはいけない」「セックスをするときには、必ずお互いの同意を得た上で行う」といった、恋愛とセックスに関する基本的なマナーとスキルを学んでいく。

ただこういったことを子どもに教えること自体に嫌悪感を示す人たちもいますよね。そういった人たちに言わせれば、性にまつわる知識は、わざわざ性教育などしなくても、蝶が空を舞い、花が咲く光景を見ていれば、「ごく自然に」覚えるものであると。「性教育によって子どもがセックスに余計な関心を持つようになるので、具体的な知識やスキルは一切教えるべきではない」という発想です。性教育の領域を含め、性にまつわる議論や政策は、科学的な事実よりも、こうした道徳感情に基づく偏見によって左右されがちです。

藤見：近年の一部の学校教育では、性的なことはオブラートに包み隠して、命の大切さのみを教えるものが歓迎されています。私は、性教育は命の大切さを伝えるものというより、

「どうすれば命を大切にできるか」という方法と選択肢を伝えるものだと思っています。そこをないがしろにして、命の大切さを説くといった道徳的な問題にスライドして、問題が解決できるのかは疑問です。

坂爪：一時期、幸せになるために膣にパワーストーンを入れる「子宮系女子」がメディアで取り上げられていましたよね。本人が幸せならそれでいいのかもしれませんが、異物挿入によって健康を害する可能性がある場合、そのまま「自己責任だろう」と放置していいのか、という問題はあります。

藤見：膣に異物が入っているわけですから、不衛生ですよね。これらは俗にいう「疑似科学」ですが、同じようなものに「月経血コントロール」があります。ざっくり言うと生理のときは、膣から月経血が出てくるので、現在多くの女性はナプキンやタンポンを使います。そこを、昔の女性は筋力があったため、流れる月経血をコントロールできていたという話なんです。そこに医学的な根拠はほとんど見られません。しかし膣のトレーニングや、布ナプキンをすることで、女性の自然な月経に近づいていくという方向で一部の女性に広がっていきました。

坂爪：性にまつわる悩みは公の場で語りづらいために、そうした疑似科学的なものが「唯一の処方箋」として広まったり、ありもしない「自然」がでっち上げられるたりする土壌がまだまだ残っている。悪い意味でのフロンティアなのかもしれませんね。今までタブーにされてきた領域であるがゆえに、間違ったファンタジーが跋扈しやすい。特に子宮は「神秘」や「宇宙」といったスピリチュアルなワードと結びつけられやすい傾向があります。

藤見：ただ「子宮系女子」の言っていることが流行るのは分かります。これまで女性の性欲は抑圧されていましたから「もっと自由に生きていい」と性教育が言ったとしても、自分の性をどう表現していいのか分からない。「子宮系女子」の本では、それを「子宮の声」に代弁させて、「子宮はセックスしたいと言っている」と考えます。

坂爪：なるほど。女性は社会的な抑圧によって、自分の性的欲求をどう表現すればいいか分からないがゆえに、本来であればただの臓器にすぎない子宮を神格化し、自分の欲求を子宮に代弁させることで、初めて自分の本音を公言できる。これは非常に重要な指摘だと思います。

男性に置き換えて考えてみましょう。仮に私が「精巣番長」と名乗って「睾丸と対話することで自分を解放しましょう」「陰嚢にパワーストーンを埋め込みましょう」と主張したらどうでしょうか。間違いなく、誰からも相手にされませんよね。本も絶対売れないと思います（笑）。

　こうした「男性による男性性の神格化」、あるいはAVやポルノに見られるような「男性による女性性の神格化」は政治的・社会的に批判されがちですが、子宮系女子のような「女性による女性性の神格化」は否定されづらい。医療関係者から眉をひそめられつつも、一定の社会的注目と信者を集めることができる。

　このジェンダー非対称性を逆手にとって、自らの性を表現・肯定する場を創り出そうとしているのが子宮系女子なのかもしれません。そう考えると、問題は子宮系女子そのものではなく、「子宮系女子にならないと楽になれない社会」の方にあるのではないでしょうか。

藤見：それくらい女性の性を肯定してくれるところって少ないんですよ。フェミニズムはハードルが高いと感じる女性が多いですし、「anan」の「セックス特集」はややおしゃれすぎる。

坂爪：それでは、フェミニズムにも近寄れず、「anan」のセックス特集にも共感できず、子宮系女子にもなりきれない女性はどうしたらいいのでしょうか？

藤見：実際に私はいずれにも乗れなかった者の一人です。マドレボニータに惹かれたのは「体力と対話」を重視しているからです。産後はまず体力をつけて、身体を健全にする。それから夫と対話をしましょうというステップを踏んでいく。性教育の理論では伝えることのできなかった実践的なコミュニケーションスキルを学べたのは私の中では意味のあることでした。

たぶん、問題の本質は一緒なんですよ。「子宮の声」じゃないと響かない人もいる。一つの解放ですからね。そこで私のような性教育の人が「科学的に考えましょう。あなたの選択が大事」と言ってもつまらないし、「すっきり」しない。

坂爪：性の問題はあまりに複雑なので、考えすぎるとモヤモヤしてしまう。むしろすっきりしないことの方が当たり前のはずです。そうしたモヤモヤを、フェミニズムの枠組みで強引に解釈するのでもなく、「anan」のセックス特集を真に受けるのでもなく、「子宮の声」とやらに耳を澄ませるのでもなく、シンプルに体力の強化と対話の継続で乗り切る。素晴らしいと思います。

藤見：「すっきり」することは考えないことと一緒で、考えなくなると依存を生み出します。マドレボニータの産後ケアのコースでは、1週間に1回、計4回で「卒業」という形をとります。卒業していく方たちに話を聞いてみると、物足りない、もっとやりたかったと言ってくれますが、回数を少な目に設定してあるのは、一つのものに依存するのは危険だと考えているからです。特に産後はしんどいので、依存してしまいやすい。だからあえて卒業という形をとっているんです。

坂爪：これまでの性教育の言葉は、主に社会の左側＝リベラルやフェミニストにしか届かなかったと思います。「科学・人権・自立・共生」といったリベラルの言葉は、特定の道徳的価値観に依拠する宗教右翼や子宮系女子のような、社会の右側を生きる人たち＝非合理性の中にこそ真実が宿ると考えている人たちには全く響かない。社会の右側にも届く言葉で性を語ることが、性教育をアップデートするための課題になると思います。

正しさ信仰と不寛容な社会

坂爪：セクシュアリティに関する問題に対して、私たち一人ひとりが「モヤモヤする自由」や「モヤモヤする権利」を享受できることができれば、正しさに過度に振り回されない寛容な社会を実現することができます。

もちろん、さきほど触れた「膣にパワーストーンを挿入」といった事例のように、医学的にも社会的にも危ういことを喧伝・布教しようとする個人や団体はこれからも出てくるでしょう。ジェンダー平等への配慮が足りない行政や企業のＣＭ動画・啓発ポスターはこれからも作られ続け、(作り手の狙い通りに) ネットで炎上し続けるでしょう。

しかし、そういった相手や対象を「正しくない!」と鬼の首を取ったように叩くだけでは、意味がありません。いくら叩いたところで、相手の信念や行動は変わらないことがほとんどでしょう。かといって、「では黙って放置しておけばいい」というのも違う。バッシングでも黙殺でもなく、相手の主張が生み出される社会的背景を踏まえた対話が必要です。

性教育は合意と話し合いを重視しますが、それと並行して「合意を得られない、話し合いの通じない相手とどう付き合うか」ということも考えていかないといけない。自分たちの主張が科学的・学問的・政治的に正しいということを主張するだけでは、性教育の理念を社会に広めることはできないと思います。

藤見：正しさ信仰は確かにありますね。「子どもに性の話をしてみましょう」と講座で言うと、たいてい「なんと言えばいいですか?」と質問をもらいます。家庭での性教育は親と子の関係が重要で、その子にどんな言葉で説明したら届きやすいかは実の親の方が詳しいはず。基礎的なことは理解しているはずなので、自分の言葉で教えてあげてほしいんです。このように伝えても「正解はないんですか」と念仏のように聞かれてしまいます。

坂爪：性教育を行う人は「性に関するあらゆる事柄を知り尽くした人」「あらゆる性の悩み

を克服した人」でないといけないという思い込みがありますよね。自分なりの結論を試行錯誤の中で組み立てていくことこそが性教育の醍醐味であるはずなのに、そのことが伝わらない。どうしても「今すぐに役立つ、唯一の正解」を探してしまう。

藤見：必要以上に正解だけを求める姿勢には、性の失敗を何がなんでもさせたくないという発想に原因があると思います。

坂爪：シングルマザー支援や貧困問題に取り組むNPOによって問題化されていますが、学校教育の現場では、「高校生が妊娠したら即退学」という慣習が未だに残っている。学校の性教育でも、避妊することは熱心に教えても、避妊に失敗した後のことは教えません。そして「避妊に失敗してしまった未成年の少女」という、最も支援と教育が必要な状態にある個人を、「即退学」という形で社会的に排除してしまう。この背景にも「性に関しては、何が何でも失敗させたくない」「失敗した存在は見たくない」という大人側の価値観が反映されています。

藤見：お母さんにならなきゃいけない、お金も稼がなきゃいけないのに、教育を受けさせないなんて絶対におかしいですよ。失敗しない人なんていないんですから。

性教育が失敗に不寛容な一方で「子宮系女子」は失敗に寛容なんです。カリスマの中には、自らの失敗体験を次々と語っている人がいて、彼女たちは子宮の言う通りに生きているから、縛られないですごく自由なんですよね。「不倫の何が悪いんですか?」と、一般的には否定されているようなことも否定しない。失敗を失敗とも思わないところに惹かれるんじゃないか。

坂爪：子宮系女子の人気を支えているのは、失敗に不寛容な社会なのかもしれませんね。人間は、誰でも失敗することが当たり前です。そして、一度失敗した後も人生は続いていく。それなのに、性に関する事柄になると「一度失敗したから」というだけの理由で、誰も手を差し伸べようとしなくなってしまう。妊娠・中絶・不倫・離婚・援助交際・風俗……みんな同じです。そんな社会はおかしいですよね。

藤見：性の失敗をしないなんて、難しいですよね。誰にだって身に覚えはあるでしょうし、表面化しなかったのもたまたま運がよかっただけでしょう。リスクをゼロにするのではなく、リスクも含めた上で考えたいですね。自分の性の失敗を受け入れている人はだいぶ楽だと思います。子どもに伝えるときも、実体験を交えて伝えた方が、よほどわかりやすい性教育になるのではないでしょうか。

立ちはだかる「道徳の壁」

坂爪：セクシュアリティに関する領域の中で、最も社会的な支援が必要な人たちにかぎって、社会的に排除されてしまうのはなぜか。その理由は、私たちが持っている道徳的価値観にあります。すなわち「性道徳に照らして正しくない行いをした人間は、自業自得なので助ける必要は無い」という価値観です。もちろん個人がこうした価値観を抱くのは自由ですが、それを教育や政治の現場に持ち込むのは危険です。こうした「道徳の壁」をどうやって突破していくのかは、「大人の性教育」を考える上で重要なポイントになると思います。

藤見：まずは自分で自分の道徳観を振り返ってみることが大事ですよね。自分もそうでしたが、自覚なしに、自分の道徳を押し付ける人が多いじゃないですか。学校現場でも、援助交際している生徒がいたとして「女性として許せない」という気持ちが先に立ってしまう。でも、その状況を一度は肯定してあげないと本当の支援はできなくて、説教すると「叱られるから会うのはやめよう」と距離を取られるようになっていきます。

坂爪：道徳的な正しさにこだわって説教をしてしまった瞬間に、相手との関係は切れてしまいますよね。でも風俗にせよ、援助交際にせよ、道徳的な正しさから除外される人たちこそが、最も性教育が必要な人たちでもあるはずです。それなのに、教育をする側がモヤモヤに耐えきれず、相手の立場や気持ちを十分に理解せずに、「女性はこうあるべき」「もっと自分を大切にしないと」という道徳的かつ表面的な説教を押し付けるだけで終わってしまう。

藤見：私にもいろんな規範があると感じています。例えば、「お母さんなんだから」とついつい思ってしまう。ですがお母さんだってモヤモヤしていいはずです。

坂爪：モヤモヤするというのは、それだけ現実の複雑さと真摯に向き合っていることの証ですから。現実の複雑さと向き合えない人が、「あるべき道徳」や「子宮の声」に吸い寄せられる。社会学には「帰属処理」という言葉があります。私たちには、誰のせいにもできない事件やトラブルが起きたときに、「全ての原因はこれだ」と思えるような対象を作り上げ、どうにか精神的な安心を得ようとする傾向があります。

しかし、いくら帰属処理を繰り返しても根本的な問題は解決しません。自分のやっていることが根本的な問題解決につながる行為なのか、それとも単なる帰属処理なのか、自覚的になる必要があるでしょうね。

援助交際やＪＫビジネスに関しては、「遊ぶ金欲しさで性道徳に反することをやっている女は、危険な目に遭って当然。助ける必要はない」という意見と、「彼女たちは遊ぶ金欲しさだけでやっているのではない。背景には貧困の問題があるのだから、助けるべき」という意見がぶつかりあっています。しかし「遊ぶ金欲しさでやっているか否か」という道徳的な判断基準が、そのまま社会的な支援を受けられるか否かの判断基準にスライドしてしまうことには問題があります。遊ぶ金欲しさであろうが、貧困が理由であろうが、性暴力被害に遭うリスクの高い環境にいる少女に対しては、きちんと社会的な支援と教育を届ける必要がある。道徳的判断に振り回されずに性の問題を議論できるようにならないと、いつまで経っても「大人の性教育」は確立できないはずです。

藤見：道徳の分野で語ると、コンドームを使おうと、コンビニでコンドームを買っている人すら「汚らわしい」となってしまいますから。「子どもが欲しくないのにセックスするなんて」と叱るだけでは望まない妊娠は防げません。性の問題も他の教科で教えることができるといいですよね。生物の先生が、人間の受精はこういう仕組みで、どうしたら避妊ができ、性感染症を防げるのかを伝え、社会の先生が、こういうのはレイプだから犯罪だよと伝えられる。道徳的な価値観をふまえず学ぶことができるといいな。「性教育」って名前がなくなってもいいと思います。

坂爪：ホワイトハンズの活動の中でも「性教育」という言葉はあえて使っていません。たとえそれが非合理な思い込みや偏見の産物であったとしても「道徳の壁」を正面突破することは難しいので、できれば迂回したい。生殖の仕組みや妊娠・出産に関する制度については、生物や公民の授業で教えるのはいい方法かもしれませんね。あえて「性」を前面に出さずにステルスマーケティングを仕掛ける。それが性教育のアップデートされた形の一つなのかもしれません。

「大人の性教育」ってなんだろう？

藤見：「子どもの性教育」で答えのある知識を学ぶことは重要です。これは強調したいと思います。そして「大人の性教育」では自分の性について、答えのない「モヤモヤ」に取り組み続けなければいけません。

坂爪：すっきりしない現実に翻弄されるのではなく、そのモヤモヤをしたものを味わえるようになってこそ大人なのではないでしょうか。「男が悪い」「女が悪い」「何が悪い」と簡単に答えを出さずに、問いを問いのままで抱き続ける力を持つことが必要です。

子どもの性教育の世界では、よく「豊かな性」や「貧しい性」という表現が使われますが、大人の場合、何が豊かで何が貧しいかを決めるのは、他の誰でもない自分自身です。

子どもの性教育において「あるべき理想」として語られる「合意に基づく対等な男女関

係」は、あくまで性のライトサイド（光明面）にすぎない。大人のセックスの魅力の多くは、性のダークサイド（暗黒面）＝パートナーの同意の無い浮気や不倫、風俗や売春などの金銭を介した非対称な関係にあることは否定できません。「正しいセックス」というものなんてどこにも存在しないので、モヤモヤの中で光と闇のバランスを取りながら、自分の意志でデザインしていくほかないですし、パートナーに聞きながら作っていくしかない。そうした試行錯誤の積み重ねが、結果的に性の分野における新しい「当たり前」を確立することにつながるはずです。

藤見：性について自分が悩んでいることを否定しないでほしいですね。そして自分だけ悩んでいるわけじゃない。「こんなことで悩むなんて変態ですか」とよく聞かれますが、そんなことを言い出したらみんな「変態」です。「私は絶対的にノーマルです」と主張できちゃう人こそ「本当に？」と逆にあやしく感じてしまいます（笑）。まずは自分の性を肯定してほしい。自分が肯定できないと、だれかの性を尊重しないし、肯定できないと思います。

坂爪：「人類みな変態」でいいと思います！

藤見：「モヤモヤ」から逃げないでほしいですね。一刀両断しようとすると、どこかで落とし穴にはまってしまいます。曖昧で大きな壁だということを理解してほしい。誰かについていこうとしちゃダメです。

坂爪：一時的にすっきりした気持ちになっても、後で必ず梯子を外されますからね。私や藤見さんの主張に関しても、全てを鵜呑みにしないで取捨選択してほしいです。

藤見：ロールモデルもあってないようなものです。フェミニストにならなくても、性について考えることはできる。私も結婚するときに「結婚したらフェミニストじゃないのでは？　完全に平等な関係が夫と作れていなければ性教育できないのでは？」と思った時期もありました。でも傍からみたら非合理でも、その夫婦にとっては実に円満な関係というのはよくあることです。なんであれロールモデルにしすぎるのはいけません。自分で正解を見つけないといけないものです。

渡辺ペコさんの『1122（いいふうふ）』（講談社）では、自由な夫婦のあり方を模索していたカップルがいて、妻が夫の不倫を公認してはいるけれど、自分との予定をないがしろにされそうになったときにモヤモヤして、思わず夫に「夫婦なんだからちゃんとしてよ」と言ってしまう。ロールモデルがないと自由ではあるけれど常に不安がつきまとう。そんな状況が丁寧に描かれていて、正に今の時代のリアルに向き合っている作品だなと感じました。

あと、面白かったのは、女性の友人同士がどうやって性欲解消をしているのかという話が出てきて、「私は岡村（靖幸）ちゃんと犬（ペット）」と宣言する女性に、「犬って！　なにそれ？」みたいに言い合えるっていいなと思ったんです。男性の場合は性欲解消のロールモデルがなんとなくあって、だからこそキツイところもある。女性はないからこそ、もっと自由になれるんじゃないか。

坂爪：男性は「死ぬまでセックス」こそが正しいロールモデルだと思われている節がありますからね。でも死ぬまでセックスしなきゃいけないなんてしんどいですよ。もちろん、高齢期の性は「みっともない」「かっこわるい」と否定されるべきものではありませんが。

ロールモデルがないと不安に感じる人も多いかもしれませんが、ありもしない理想化されたロールモデルへの同一化を目指すのは、子どもの生き方です。アイドルやミュージシャンがどんな仕事なのかよく分からずに、ただ憧れている状態と同じですよね。

大人は、自分が他の誰かにはなれないこと＝どんなにあがいても自分自身にしかなれないこと、そして自分の人生は自分で切り開かないといけないことを知っています。大人として堂々と立ち振る舞うだけでなく、悩んだり迷ったりしている姿を見せることにも、次の世代に対する大きな教育効果があるのではないでしょうか。

藤見：自分のセクシュアリティは自分のものでしかないので、「女性だけど藤見の言っていることは分からん」と思うのは自然ですし、むしろそうあるべきです。性で悩んでいるのは自分一人じゃない。そして自分のセクシャリティは唯一無二であるということを恐れずに、一人でも大丈夫だと思ってほしい。

坂爪：セクシュアリティの問題に対しては、誰も正解が分からない。分かりやすい正義や道徳を振り回しても解決しない。でも「分からない」ということを共通点にして他者と連帯することはできる。そうした連帯の中で、誰かが用意した正解ではなく、自分なりの結論を探し当てるためのガイドマップの役割を果たすのが性教育だと言えるのではないでしょうか。ガイドマップを囲んで議論しながら、みんなで仲良くモヤモヤしていければいいですね。

　アメリカの性科学者であるミルトン・ダイアモンドは「自然は多様性を好むが、社会はそれを嫌う（Nature loves variety, Society hates it)」と述べています。社会の中で生きていく限り、私たちは自分自身、そして他者の有している多様性に一定の制約を設けざるを得ない。

　しかしそうした制約があるからこそ、私たちは社会の中で自由に生きられる、と考えることもできます。制約こそが自由を担保するのであれば、私たちが性的に自由になるためには、性に関する作法（メソッド）を獲得する必要がある。そのためのヒントは、これまでの章に全て詰め込んだつもりです。

自分を最も自由にしてくれる作法を、いかにして自らの手で作り出すか。この問いを生涯にわたって考え続けるために、ここまで私と藤見さんが論じてきた「大人の性教育」が役に立てば幸いです。

あとがき

ここまでお読みくださり、ありがとうございました。

今回、私が性教育者の藤見さんにお声掛けして「大人のための性教育書をつくる」という企画を立案した背景には、一つの裏目的がありました。

その裏目的とは、性教育の「失われた20年」を取り戻すことです。

今から20年前、１９９０年代半ばに女子高生の援助交際が社会問題した際には、山本直英氏や村瀬幸浩氏といった性教育界のレジェンドたちが、性教育の理念に基づいて活発にメディアでの発言や出版を行い、青少年の性を規制することの是非、性的自己決定権の在り方等について、鋭い問題提起を投げかけていました。

しかしそれから20年後の２０１０年代半ば、同じように女子高生を巻き込んだＪＫビジネスが社会問題化した際には、メディアや書籍で情報発信をする性教育者、問題の分析と処方箋の提示を行うことのできる性教育者はほぼ皆無でした。性教育に対するバックラッシュ（過剰な反対や政治的抑圧）の影響、担い手の高齢化といった問題もあり、その力を十分に発揮できなくなったのです。

性教育は、性にまつわる社会問題を解決していく上で、最も重要なＯＳ（オペレーティングシステム）です。性教育がきちんと機能していれば、10代の妊娠中絶、性感染症、性暴力被害や加害など、多くの社会問題を未然に防ぐことができる。障がい児者の性や社会的養護に対する理解度も向上し、性的マイノリティの権利擁護や子どもの貧困の連鎖を食い止めることにもつながります。

しかしＯＳとしての性教育が機能不全に陥っていれば、こうした社会問題の解決は軒並み困難になってしまいます。ＮＰＯの現場で活動する人間の一人として、「性教育がもっと浸透していれば……」と思うことは数えきれないほどありました。

本書では１９９０年代半ば以降、文字通りWindows95の水準でフリーズしてしまっている性教育を、スマホやタブレット上でも機能する＝世代や社会的立場を問わずに役立つような汎用性の高い最新型にアップデートすることを目指しました。

性にまつわる社会問題の解決手段として、性教育は非常に高いポテンシャルを持っています。本書で引き出すことができたのは、その中のほんの一部にすぎません。

本書をきっかけにして、一人でも多くの人が性教育のポテンシャルに気づき、それぞれの持ち場に合ったアップデートやカスタマイズを繰り返していくことで、私たちの社会が少しでも生きやすくなれば、それに勝る喜びはありません。


前著『はじめての不倫学』に引き続き編集を担当してくださった光文社の廣瀬雄規さん、本書のテーマにぴったりの素敵な表紙イラストを描いてくださった漫画家の渡辺ペコさんに、この場を借りてお礼申し上げます。

そして藤見里紗さん。毀誉褒貶の激しい事業や新書を連発する坂爪と共著（しかも処女作）を出すことは、性教育者としてはかなりリスキーなギャンブルだったかと思います。そうした危険を顧みずに（笑）、「大人のための性教育書をつくる」という今回の企画にご賛同くださったことに、改めて感謝いたします。

藤見さんのおっしゃる通り、私たちの社会にはまだまだ「モヤモヤする力」が足りません。

私たち自身が一人の人間としてモヤモヤし続けることを通して、そして多くの人を良い意味でモヤモヤさせ続けることを目指して、共に生と性の現場で動いていきましょう！

坂爪真吾

２０１７年８月21日　晩夏の新潟市にて

あとがき

出産で、中高の教員を辞め、出産後にはじめた大学講師の仕事も、震災などの関係で、東京から福岡に移住することになり辞めて、子育てをしながら、産後セルフケアインストラクターとして活動していました。余力があれば、性教育をする程度でいい、と思っていました。そんなときにＮＰＯ法人アカツキ代表の永田賢介さんから「性教育に関わっていたならホワイトハンズさんの活動を知っておくべき」と紹介されました。坂爪さんの活動を知れば知るほど、性教育では手の行き届いていない、いわゆる「性のタブー」の部分に次から次へと画期的な提案をされていて、驚きと感動、そして申し訳ない気持ちになりました。私は何をしているんだと。

性教育の「失われた20年」の間、性教育に熱心だった周囲の仲間たちは、職場や性教育のイベント、講演先で様々なバッシングにあい、性教育をしづらい雰囲気に追い込まれていました。性教育者たちは何もしていなかったのではなく、できなかったのです。それでも、水面下ではどんな時代背景でも耐えうる、子どもたちを守るための性教育を、ということで歯を食いしばってきました。

私は、地方に来たことで、性教育からは離れ、NPOとして産後ケアの普及に取り組んできました。しかし、教員ではなくNPOとして活動していたからこそ見えてきたものがありました。教員のままだったら、目の前の生徒を守ることでいっぱいいっぱいで、ホワイトハンズさんの活動を知る余裕もなかったと思います。また産後ケアを行う中で「性教育やってたんですよね？　是非相談に乗って欲しい」と産後の女性たちから沢山のラブコールを受け、真のニーズに合った性教育とは何か？　を考えるようになりました。

性教育的には「失われた20年」であったけれど、「なぜ性教育が行われないんだ？」と性教育に関わらない人にも、その必要性を問うた20年であったのではないでしょうか。本書をもって、もう一度性について語り合える作法を、まずは大人が見せていくことができればと思います。

今回執筆するにあたり、まずＮＰＯ法人マドレボニータ吉岡マコ代表の言葉がなければ、私は「産後」をサバイブすることすらできなかったし、上っ面な性教育者で終わっていたと思います。そこにＮＰＯとしての、理論実践のフィロソフィーを学ぶことができました。そして性教育をもう一度学び直したいと受講した一橋大学の『ヒューマン・セクソロジー』の講義。私の性教育はここでの村瀬幸浩先生の言葉が基礎となっています。

最後に初めての執筆を根気強く支えてくださった光文社の編集者の廣瀬雄規さん、友人の黒木怜香さん、中陽子さんには、何度も何度も相談に乗っていただきました。

そして何より、本書に、私のような無名の人間に声を掛けてくださった坂爪真吾さんに心より感謝申し上げます。

２０１７年８月

藤見里紗

坂爪真吾（さかつめしんご）

1981年新潟市生まれ。一般社団法人ホワイトハンズ代表理事。新しい「性の公共」をつくるという理念の下、社会的な切り口で現代の性問題の解決に取り組んでいる。2014年社会貢献者表彰。著書『性風俗のいびつな現場』（ちくま新書）、『はじめての不倫学』（光文社新書）など。

藤見里紗（ふじみりさ）

1976年東京生まれ。体育教員として先進校で性教育に従事。現在はNPO法人マドレボニータ認定・産後セルフケアインストラクターとして福岡で活動しながら、全国各地で保護者向けの性教育の講演を行っている。恵泉女学園大学元非常勤講師、〝人間と性〟教育研究協議会会員。

誰（だれ）も教（おし）えてくれない　**大人（おとな）の性（せい）の作法（メソッド）**

2017年9月20日初版1刷発行

著　者 —— 坂爪真吾　藤見里紗
発行者 —— 田邉浩司
装　幀 —— アラン・チャン
印刷所 —— 堀内印刷
製本所 —— 榎本製本
発行所 —— 株式会社光文社
東京都文京区音羽1-16-6（〒112-8011）
http://www.kobunsha.com/
電　話 —— 編集部03（5395）8289　書籍販売部03（5395）8116
業務部03（5395）8125
メール —— sinsyo@kobunsha.com

落丁本・乱丁本は業務部へご連絡くだされば、お取替えいたします。

 ISBN 978-4-334-04307-0

JASRAC出 1710106-701

882
ドキュメント 金融庁vs.地銀
生き残る銀行はどこか
読売新聞東京本社経済部
「空前の再編ラッシュ」を迎える地方銀行と、改革が進む金融庁。〃稼げない〃時代に、地方銀行や金融機関が生き残るには？　丹念な取材から浮かび上がった、金融界の現状と未来。
978-4-334-03988-2

883
バッタを倒しにアフリカへ
前野ウルド浩太郎
バッタ大発生による農業被害を食い止めるため、ファーブルのような昆虫学者になるため、バッタ博士は単身、モーリタニアへと旅立った。が、それは修羅への道だった……。
978-4-334-03989-9

884
天気痛
つらい痛み・不安の原因と治療方法
佐藤純
雨が降る前に、古傷が痛む。台風が来ると、頭痛がひどい。日本人1000万人が苦しむ「天気痛」。気圧の変化によって生まれるその病態の原因と対処法を、第一人者が解き明かす。
978-4-334-03990-5

885
効かない健康食品
危ない自然・天然
松永和紀
2兆円市場の健康食品に、どこまで科学的根拠があるのか。セレブ御用達のダイエット方法は？　水素水は？「食のフェイクニュース」に警鐘を鳴らすジャーナリストが暴く「食の真実」。
978-4-334-03991-2

886
「夜遊び」の経済学
世界が注目する「ナイトタイムエコノミー」
木曽崇
夕刻から翌朝までの経済活動を指す「ナイトタイムエコノミー」。今まで見落とされてきたこの時間帯の経済振興策の豊富な実例と共に、日本経済の起爆剤としての姿に迫っていく。
978-4-334-03992-9

887
水素分子はかなりすごい
生命科学と医療効果の最前線
深井有

40億年前、生命は「水素の時代」に誕生した。水素分子は脳梗塞、パーキンソン病の治療などに力を発揮する――。臨床研究者へのインタビューも収録した、水素分子医学の入門書。

978-4-334-03993-6

888
アート×テクノロジーの時代
社会を変革するクリエイティブ・ビジネス
宮津大輔

いま、新世代の「最先端テクノロジー・アート創造企業」が世界中から注目されている。それはなぜか。美術史や経営学的な視点を交えながら創造の秘密に肉薄する、本邦初の一冊。

978-4-334-03994-3

889
マクロ経済学の核心
飯田泰之

マクロ経済学は浮世離れした理論ではない。知識があれば景気のトレンド、政策の是非、会社の先行きなどを的確に捉え行動できる。著者独自の導きで〝判断の軸〟を身につける。

978-4-334-03983-7

890
東京郊外の生存競争が始まった!
静かな住宅地から仕事と娯楽のある都市へ
三浦展

どんな街が生き残るか? 東洋経済オンラインで350万PVを記録し所沢市議会でも取り上げられた首都圏人口争奪と「郊外格差」の実態。働き方改革は住まい方改革であるべきだ!

978-4-334-03995-0

891
世界のエリートはなぜ「美意識」を鍛えるのか?
経営における「アート」と「サイエンス」
山口周

論理的・理性的な情報処理スキルだけでは戦えない!――複雑化・不安定化し先の見通せない世界で、「自己実現的消費」が主流になる中、クオリティの高い意思決定をし続けるには?

978-4-334-03996-7

892
本を読むのが苦手な僕はこんなふうに本を読んできた
横尾忠則

「この本の中に、僕の考えてきたことがすべて入っています」（横尾さん）。朝日新聞に八年にわたって掲載された人気書評を書籍化。仕事と人生のヒントがいっぱい詰まった一三三冊。

978-4-334-03997-4

893
うつ・パニックは「鉄」不足が原因だった
藤川徳美

あなたの不調は、鉄・タンパク不足の症状かもしれない。うつやパニック障害の患者を栄養改善で次々に完治させている精神科医が、日本人の深刻な鉄不足と鉄摂取の大切さを説く。

978-4-334-03998-1

894
灯台はそそる
不動まゆう

今日も一人で海に立つ小さな守り人。その姿を知ると愛さずにいられない。省エネにより崖っぷちに立たされる今、灯火を守るファンを増やすため〝灯台女子〟が魅力を熱プレゼン！

978-4-334-03999-8

895
アウトローのワイン論
勝山晋作
writing 土田美登世

「おいしいからいい。おいしくしたいなら自然に造るのがいい」——昭和の時代から活躍するワインの伝道師が初めて語る、固定観念に縛られないワインの楽しみ方と、その行き着く先。

978-4-334-04301-8

896
教養は児童書で学べ
出口治明

社会のルール、ファクトの重要性、大人の本音と建前、ビジネスに必要な教養——大切なことはすべて児童書が教えてくれた。珠玉の10冊を読み解く、出口流・読書論の集大成！

978-4-334-04302-5

902
御社の商品が売れない本当の理由
「実践マーケティング」による解決
鈴木隆

「マーケティング神話の呪縛を解く！ 本書の内容をマスターせよ」――石井淳蔵氏（日本マーケティング学会初代会長）推薦。「19の呪縛」を解き、売れない時代に売れるしくみをつくる。

978-4-334-04308-7

903
ねじ曲げられた「イタリア料理」
ファブリツィオ・グラッセッリ

ピッツァはアメリカ生まれで、トマトソースはイタリアの伝統料理ではなく、オリーブオイルは偽装だらけ!? 「イタリアン」の常識を覆す、在日イタリア人による痛快料理エッセー。

978-4-334-04309-4

904
誰が「働き方改革」を邪魔するのか
中村東吾

私たちは、「働けど見返りの少ない現代の働き方」に疲弊してしまっているのではないだろうか？ いったい、何が問題なのか？ 〈頑張りたくても頑張れない時代〉を生きるヒント。

978-4-334-04310-0

905
ミレニアル起業家の新モノづくり論
仲暁子

製造業とともに衰退する日本が蘇るためのヒントは、モノを持たない'80～'90年代生まれの行動にある。国内最大のビジネスSNSを運営する女性社長が、新しい労働と幸福の形を示す。

978-4-334-04311-7

906
「朝ドラ」一人勝ちの法則
指南役

「ぽっと出のヒロイン」「夫殺し」「故郷を捨てる」…etc. これらが朝ドラのヒット作に共通する要素である――ホイチョイ・プロダクションのブレーンによるドラマ・マーケティング論。

978-4-334-04312-4